华夏传统政治文明书系

政治家与古代国家治理

马平安 著

团结出版社

图书在版编目（CIP）数据

政治家与古代国家治理 / 马平安著. -- 北京：团结出版社，2018.9
　ISBN 978-7-5126-6295-7

Ⅰ.①政… Ⅱ.①马… Ⅲ.①国家－行政管理－研究－中国－古代 Ⅳ.①D691.2

中国版本图书馆 CIP 数据核字(2018)第 081804 号

出　版：	团结出版社
	（北京市东城区东皇城根南街 84 号　邮编：100006）
电　话：	（010）65228880　65244790　（出版社）
	（010）65238766　85113874　65133603（发行部）
	（010）65133603（邮购）
网　址：	http://www.tjpress.com
E-mail：	zb65244790@vip.163.com
	fx65133603@163.com（发行部邮购）
经　销：	全国新华书店
印　装：	三河市东方印刷有限公司
开　本：	145mm×210mm　　32 开
印　张：	10.25
字　数：	187 千字
印　数：	5045
版　次：	2018 年 9 月　第 1 版
印　次：	2018 年 9 月　第 1 次印刷
书　号：	978-7-5126-6295-7
定　价：	36.80 元

（版权所属，盗版必究）

序　言

"华夏传统政治文明"书系很快就要出版了，团结出版社的同志要我在前面说上几句话。

这四本书分别是：《走向大一统》《传统士人的家国天下》《政治家与古代国家治理》以及《晚清政治地图——十九世纪中期以来的中国和世界》。

四书的写作，既有个人文化使命担当的考量，也有新时代新气象召唤的使然。

一是梳理、总结中国政治智慧及政治文化资源的需要。中国是一个传统政治文化资源极其丰富的国度，上下五千年，政治智慧斑斓多彩。这是一份极其珍贵的文化遗产，需要国人去学习，去继承，去发展。这是中国文化走向世界，展现自己魅力的一份自信与实现中华民族伟大复兴不可或缺的一种动力。中国传统政治文化自有自己独特的魅力和特质。五千余年的历史长河，早已经铸就了极具东方特色的政治文化。这种政治文化从五帝时代开始，经过历代大浪淘沙，不断积累，不仅成为中华民族一笔巨大的文化财富，而且也成为世界政治文化的一份独特因子。它不仅是中国的，而且更是世界的。这笔财富必须继承，必须发展，更必须由人民大众来继承与发展，只有让人民大众皆知这笔财富之丰富、之重要、之价值，这笔财富才能够真正焕发出青春的活力，才能在中华民族伟大复兴中发挥它应有的、无可替代的巨大驱动作用。

二是新时代文化传播的形势发展和读者的学习需要。 观现下图书市场，从通史角度对政治史概括和总结的书籍并不算多，尤其是尝试走出学术金字塔，力图从启蒙、普及、宣传、教化、通俗等角度尝试对五千余年中国传统政治文明进行梳理、分类、总结、扬弃，用大众学术精品思路铸就相关种类的书籍作品就更是寥寥。个人以为，学人的学术研究固然重要，但让自己学术成果走向大众，承担移风易俗、化育人心的责任，也同样具有十分重要的价值和意义。如果连中国古典文化、中国政治历史脉络大致是个怎样的状况，也因为研究者作品文字晦涩难懂而不能为广大民众所了解、所认可、所接受、所喜爱，不能由此登堂入室，学有所得，就不足以说明今日学术昌盛与文化发达。

三是源于本人的学术情怀及对大众学术门径的初步探索。 古人治学，很注意在经济、义理、考据、辞章四个方向上同时着力，并不顾此失彼，相反倒是格局阔大，气象万千，文质彬彬，尽量在内容、意境、形式等方面追求尽善尽美，追求天人合一，追求修齐治平。这种文以载道，为天地立心，为生民立命，为万世开太平，为往圣继绝学的远大志向与目标，应该成为今日我辈努力的方向。大众学术作品就是在继承先人优秀文化传统的基础上，面向大众，服务大众，传递真善美，传递向上向善的价值观，让人们发现历史的美、文化的美、知识的美。就大众学术作品而言，首先，它应该是学术实践和思想思考的产物，是学术力与思想力的有机统一，应该是真实、严肃，充满正能量，具有感染力的东西。其次，它的服务对象应该是人民大众。这就需要它的形式、文字等要生动活泼，内容、逻辑等要深入浅出，而不是语言诘屈聱牙，内容抽象艰深而令人难学难懂。

就四书而言，各书内容虽然侧重点不同，但彼此之间又具有严格的内在联系，是对华夏传统政治文明的一种鸟瞰式的观察与小结。

《走向大一统》主要是从制度史角度对华夏早期政治文明史所作的一种简单的概括与梳理。

中国是一个传统政治文明积淀深厚的国度。大一统构成了这个地大物博、历史悠久、文化深厚的古老而常新的国度中传统政治文化的最大格局和最鲜明的符号与特征。

从中国现代政治的结构要素来看，中国现代政治与传统政治之间似乎没有直接的关系，其模式与建构成分主要来自西方所开启的现代政治文明体系,是工业化社会的产物。然而,我们不应忘记,中国现代政治是中国人自己建构起来的。尽管近代中国人在救亡形势下直接采取拿来主义,力图超越中国传统政治的价值观念与制度系统,但其所立足的政治和文化氛围仍然还是几千年延续下来的中国社会的文化体系及其价值观念等等。由此导致的一个尴尬现象是,在西方人的眼中,中国现代政治不是西方的正统模式,因而将之打入另册;而在现代中国人看来,中国现代政治不是从中国文明中自生自长出来的,是学来的,很多人也对之采取不痛不痒的态度。这种情况,就使得中国现代政治缺乏有效的自我认同与国际认同,它无法明晰地告诉世人:它是什么?从何而来?为何如此?价值何在?存在理由何在?这是当前中国政治史研究中所面临的一个难题。

就中国现代政治建构而言,人们固然可以依据现代化发展所带来的人的社会存在方式变化来探索、来建构、来说明。然而,它却无法摆脱中国人在几千年历史、社会与文化发展中所形成的独特族群存在方式及其文化价值观念的影响。对于从西周开始具有三千多年大一统的传统而言,中国人在现代国家建构中维系统一国家的行动与维系大一统的中华民族的行动是紧密联系在一起的。在传统中国,国家的统一与中华民族的大一统结构是相互影响、相互塑造、相互补充、相互促进、相互发展完善的一个和谐共生的过程,这使得中华民族大一统结构成为传统中国向现代国家转型所必须面对的现实基础和内在要求。对于传统中国社会来说,大一统既是一种政治形态,但同时也是中华民族得以生存和发展的组织形态及其文化心理形态。正是这种综合意义上的大一统,使得中国文明与中华民族能够延续、发展至今,并且还会不断地更加完善和发展下去。

《传统士人的家国天下》则是从思想史的角度对中国古代最著名的十二位思想家的主要思想进行简单的概括与介绍。

孔子是儒家学派的创始人。孔子的思想学说主要反映在《论语》《孔子家语》以及他所编定的"六艺"等书中。孔子的"仁""礼"政治思想及其高尚人生追求,他对夏商周三代文化的继承发展,他所提出的人生价值理念以及诸多解决社会问题的方案等等,都对后世的中国人影响至深至远。

孔子的学生曾参曾作《大学》一文,主张大学之道在明明德,在亲民,在止于至善。他提出人的修身实践路径——格物、致知、诚意、正心、修身、齐家、治国、平天下,至今仍为人们所尊奉、所实践。

孔子的孙子子思则在其祖父学问的基础上,进一步完善了"中庸"这条儒家最高的力行准则,要求人们注重"慎独"、立定"中"道,在好坏、快慢两个极端之间进行折中,做到不偏不倚,既不过分,也不要不及。中庸之道就是要求人们遵守社会的既定秩序,安于自己的社会地位,不做越位非分的事情。

　　像孔子一样,战国时期的儒家代表人物孟子也十分热衷政治事业,以一肩担承道统自任。为了推行儒家的政治主张,孟子曾周游列国,到过魏、齐、滕、鲁等国,极力游说他的"王道"和"仁政"的政治主张,虽然整个过程极其艰难坎坷,没有诸侯愿意采纳他的政治主张,但并没有击垮他的理想信念。孟子仕途不顺,最后退居讲学著书,"述仲尼之意,作《孟子》七篇"。他的思想,对后世也具有很大的影响。

　　荀子是战国时期继孟子稍后的另一位儒学大师。荀子以儒学为本,但并不以此为牢笼,而是博学广采,集诸子百家之所长,熔儒家的礼与法家的法为一炉,取儒法之精华,弃儒法之糟粕,别开天地,开后世历代君主专制治理理论之先河。他培养出像韩非与李斯这样对中国历史具有深远影响的学生,一位成为中国早期法家的集大成者,另一位则成为大秦帝国制度的草创者。

　　老子是道家学派的创始人。经过两千余年世界文化长河的大浪淘沙,《道德经》已经被证明是人类文化史上真正瑰宝之一,成为超越国界、人生修养必备的最重要的宝典之一。据有人统计,《道德经》在全球的销售量仅仅次于《圣经》,居第二位。老子思想与孔子思想一样,早已经成为中华民族文化传统中的最精髓部分。

韩非是中国古代法术势思想的集大成者。人们公认,他吸收了公孙鞅的"法",申不害的"术",慎到的"势",同时又吸取了老子、荀子等人思想中的积极成分,经过个人熔铸和创新,使法、术、势三者有机地融合为一体,从而构成了中国法家完整的政治理论思想体系,其专著《韩非子》成为独具特色的中国帝王学的经典范本。

董仲舒是西汉时期著名的思想家、理论家。他上承孔子,下启朱熹,对中国儒家学说的继承与发展起到了十分重要的承接作用。董仲舒以天为主导,以天人关系为轴心,以阴阳五行为材料,创造出一套以儒家学说为核心的,融合了先秦诸子思想的天人感应说、三纲五常说,并将它成功实践于国家政治与社会生活的各个领域。经过他的大力提倡,儒家学说成为汉帝国的官方意识形态,儒家学说也从此成为中国传统政治思想的主干,从汉至清,一直在中国思想界与官方的意识形态中处于统治的地位。

朱熹是中国古代著名的思想家、经学家,宋代理学的集大成者,南宋"闽学"的开山者。自元朝中期恢复科举制度后,朱熹的《四书集注》被定为官方科举考试的标准解释,朱熹理学作为官方意识形态主导思想的地位正式确立,直到1905年清廷废除科举制度,朱子之学统治中国思想界、教育界长达八百余年。

王阳明是中国心学的集大成者。他一生的活动,主要表现在两个方面:一是"破山中贼";一是"破心中贼"。前者是指他消弭民间动乱、维护明王朝统治秩序的事功;后者是指其建立心学理论体系的学术成就。他以"辅君""淑民"为目的,在南宋陆九渊开创的心学基础上,发展和奠定了中国心学的理论体系。他精通儒、道、佛等诸家学说,是中国封建社会后期著名的哲学家、教育家、军事家、政治家,更是宋明心学的集大成者。

顾炎武是明末清初著名的思想家、学者。他在经学、史学、音韵、小学、金石考古、方志舆地以及诗文诸学等方面,皆有独到的建树。他为学以经世致用的鲜明旨趣、朴实归纳的考据方法、开辟榛莽的探索精神,以及他在众多学术领域的杰出成就,宣告了晚明空疏学风的终结,开有清一代朴学风气之先,是乾嘉汉学的"不祧之祖"。他提出的"天下兴亡,匹夫有责"的政治理念,成为激励中华民族奋进不息的精神力量。

黄宗羲则是明末清初著名的政治思想家。他提倡经世致用,于经史百家及天文、算术、乐律以及释、道无不用心研究,在学术上以"濂洛之统,综合诸家",他的《明儒学案》《宋元学案》《明夷待访录》等鸿篇巨制,皆成为中国古代政治思想史上的不朽篇章。他的学说对曾国藩、毛泽东、蒋介石等皆有很大的影响。

《政治家与古代国家治理》是从管理史角度对中国古代十大政治家的核心政治智慧以及主要政治治理成就等方面进行初步总结和探讨。

周公是中国政治与文化史上一位极为重要的人物,谈中国传统的宗法制度、封建制度、礼乐文化,谈人文化成,谈儒家道统,都离不开周公。更为重要的是,周公对于中国传统文化价值体系的形成和发展,有着独特、杰出的贡献。他一生辅佐武王和成王,在政治上有大作为,在文化上有大开拓。他尊重传统,注意以史为鉴。他所开创的以德治国的治理模式以及早期人文主义精神,对后世中华文化传统及其政治治理都产生了极为深远的影响,为后世中国留下了不可磨灭的印记。

管仲是中国春秋时期一位杰出的政治家、思想家、军事家、改革家。他辅佐齐桓公治理齐国,在经济上,农商并重,使齐国成为当时各诸侯国中工商业最发达的国家。在政治外交上,他采取以法治国与尊王攘夷的政策,"九合诸侯,一匡天下",帮助齐桓公建立了春秋早期的霸业。无论是在维护华夏文化之统绪,还是在创造华夏文化之新质等方面,他都做出了卓越的贡献。

商鞅是战国时期一位杰出的改革家。他以铁血手段与言必行、行必果的变法改革,开启了秦国统一天下大业的总枢纽。商鞅变法,无论对当时的秦国,还是对后世中国政治之变化,皆具有十分重要的影响。

秦始皇开创的中央集权帝国政治以及他所创制的若干重要政治制度,特别是皇帝制度、郡县制度、官僚制度等,对此后两千多年的中国政治发生了重要而深刻的影响。作为历史上第一个实现了统一的高度集权的秦帝国,其执政的理论基础即是法家的以吏为师、以法治国、以刑去刑、事皆决于法的基本思想,这为后世中国政治提供了一种颇具参考价值的治理模式。

刘邦是汉帝国的创立者。他承袭了秦帝国的全部国家制度,并且根据汉初的实际情况采用了黄老治国之道,在政治上、经济上采取清静无为、与民休息的治理政策,这不但让汉政权顺利实现了"秦果汉收",而且还开创了中国帝制时代的第一个盛世——大汉盛世的到来。

汉武帝刘彻在位期间,北击匈奴,经营西域,设郡辽东,统一两粤、西南夷等地,使汉朝疆域版图超过了大秦帝国。更重要的是,汉武帝在治国理政诸多方面可谓开前人所未有。他罢黜百家独尊儒术,用儒家学说作为治理国家的指导思想,开创了中国思想界的大一统。在尊儒的同时,他又博采百家,重视法治。他的霸王道杂用之法,开创了后世统治者治术的百代之风。他所启动的古代丝绸之路,开创了中国与世界各国政治、经济、文化往来的先河。

唐太宗是继汉武帝之后中国历史上又一位杰出的政治家。

他统治时期,将三省六部制度高度完善,诸项治理措施得当而效果明显,国家政治清明、经济繁荣、百姓安居乐业、政绩可圈可点,他一手启动了大唐盛世。

宋太祖以文抑武,实行文官治国,代表了当时历史发展的正确方向。宋太祖的文治思想,其基本内涵就是将科举取士与文官政治相结合。他确立殿试制度,培养天子门生,压抑世家大族,改变武人政治,士大夫从此成为赵宋王朝统治大厦的基石与支柱。士大夫与皇帝共治天下构成赵宋王朝统治的主要特色,对后世中国的官僚政治影响很大。

张居正执政期间,面对明王朝出现的财政困难、政治腐败、边防松弛等状况,以其缜密而又远见卓识的谋略和果敢魄力,在政治、经济、军事等方面大刀阔斧地拨乱反正。通过他的强有力的改革,暂时解决了明王朝积重难返的一系列老大难问题。张居正的改革,就那个时代看,是非常成功的,改革也在一定程度上达到了富国强兵的目的。

康熙帝是中国历史上一位著名的政治人物。他在位六十年,文治武功兼备。文治方面,他奖励垦荒,轻徭薄赋,惩治贪污,以儒家思想治国;武功方面,他平定三藩,收复台湾,消灭噶尔丹反叛势力,进一步加强对西藏的管辖,将沙俄侵略势力赶出东北地区、实现中俄东端划界。他的业绩,为清王朝的强盛奠定了坚固的基础。

《晚清政治地图——十九世纪中期以来的中国和世界》则是从中国早期现代化史角度将中国置于世界变化发展的视野中来综合考察晚清政府的施政得失。

从秦始皇开创中华帝制,到十九世纪中期清王朝的统治出现严重危机,经过两千多年风风雨雨的侵蚀与打击,帝制这种政治运作模式已经存在太多的问题。不仅如此,屋漏偏逢连夜雨,就在传统中国政治正在寻求转型之际,以英国为首的西方列强已经完成了从农业社会到工业社会的转型,在坚船利炮开道下,他们将侵略的矛头指向了闭关锁国、自给自足的中国。在民族、国家前途出现重大生存危机的情况下,运用传统帝国制度的清政府又不能及时调整转型,对内不能革新,对外不能开放。最终,因为制度的缺陷与治理的不力,国人将全部过失清算在了帝制代表者的清政府身上,中华帝国制度也就随着清王朝的灭亡而退出了中国历史的舞台。

总结起来,清王朝统治之溃堤,从其内部来看,决非是一日之失。

清政府在1840年直至1912年在国策上所犯的错误主要有:

第一,昧于对世界大势的了解与掌握。自乾隆晚年起,面对西方国家一次又一次在政治、经济、外交上不断采取行动、意欲与中国进行沟通的现实,清政府抱着传统的夷夏观念不放,对世界形势缺乏清醒的认识,统治者不去积极了解世界已经变化了的形势，继续固步自封，结果一再丧失调整与发展自己的宝贵时机。孙中山说：世界潮流浩浩荡荡，顺之者昌，逆之者亡。观念落后，必然造成被动挨打的局面。

第二，缺乏自强自立的决心与恒心。面对西方列强的炮舰政策，清政府没有自强自立的一个长期决心，不去积极建设国防现代化、逐步改良政治、发展经济与文化，对外政策也只是以抚为主，以和为贵。真正认清世界形势的只有曾国藩、李鸿章等少数有眼光的地方督抚。他们虽然也发起过洋务自强运动，但由于不是中央政府的自发自强行为，其结果自然也就可想而知。晚清七十年，清政府的国防现代化始终没有真正启动起来。

第三，吏治腐败，权力基础癌变。晚清官场腐败黑暗，官吏做官的目的大多是求名求利，从中央到地方，没有人将国家振兴、百姓安足的事情放在心上。官员们只知贪财索贿，取宠保荣，维护国家基础的权力场已经彻底发生了病变。面对这种情况，清政府束手无策，最终官逼民反，致使统治者最终丧失了先辈们通过努力好不容易才在国民心目中建立起来的政治合法性资源。

第四，高层统治阶层争斗不停，严重削弱了自己统治的基础，最终引发了统治危机。从道光开始直到宣统时期，统治集团内部高层争斗不断。决策层不是团结一致共同对外，而是权力倾轧、利益集团崛起，这必然会引发统治混乱，从而给野心家们乱国乱政提供机会。

第五，在中央与地方关系问题上，基本上保持的是内轻外重的一种不正常的状态。经过太平天国运动、洋务运动与义和团运动，地方督抚逐渐侵夺了原本属于中央政府的诸多军政大权，尤其是经过曾国藩集团、李鸿章集团、袁世凯集团接力棒式的侵夺、腐蚀，清政府赖以维护统治的暴力工具如军队与警察最终为地方督抚及其他异己的利益集团所控制，这是引发清政府垮台的一个重要原因。

第六，利益集团的政治鼓荡。在改革过程中，清政府实际上并没有得到什么好处，相反，倒培养出了三个异己的利益集团。它们一个是以张謇为代表的国内立宪派集团。这个集团以新生的商人阶层与士大夫精英阶层为核心力量。另一个则是以袁世凯为代表的北洋军事官僚集团。这个集团以官僚阶层与军人阶层为根本。第三个是以留学生为首的各省新军团体。正是这三个利益集团不断的政治诉求与政治鼓荡，耗尽了大清帝国最后一点生存能量。因为对在清末新政过程中这三个新生的利益集团处置不力，最终导致三者在根本利益一致的情况下合流，并利用辛亥革命之机与革命党人联手推翻了清政府。

第七，最高统治者缺乏调整政策实现政治转型的应变能力。面对政治改革与对外开放所带来的一系列政治压力，清政府不是积极去根据国民的要求与形势的变化及时对政治体制进行必要、合理的调整,而是顽固守旧,能拖则拖,一再丧失其利用合法性资源及时实现政治转型的宝贵时机。虽然清政府在武昌起义后颁布了十九信条,宣布全面实现立宪,但正如雨后送伞,全然没有了任何的用处,最终民心尽失。

第八,高层满汉联盟的彻底破裂。清王朝的统治与历代王朝相比,明显有一个不同的特点,这就是清王朝是以满洲贵族为主体的满汉联盟的一代政权。清前中期这个政权所以能够从小到大,从弱到强,直至成为代表中国的合法性政权,关键之一就在于最高统治者深知满汉联盟的重要性。早期在统一过程中,满汉联盟起到了决定性的作用,但在彻底实现对全国统治的过程中,满汉地主阶级联盟的作用愈来愈大。特别是太平天国、义和团运动以后,清王朝的统治基础已经完全为汉人督抚所代替。到清末,汉人与满洲贵族联盟的代表只剩下了张之洞、袁世凯两个人。张之洞在1909年病逝,袁世凯则在1908年已被摄政王载沣罢黜回家。张之洞病逝与袁世凯被罢黜,标志着最高统治集团内部的满汉联盟彻底瓦解,表明清政府统治基础已经彻底崩溃,这就为以孙中山为首的革命党人的反清革命创造了良好的条件。

第九,清政府垮台于辛亥革命,但能够决定当时中国政治走向的力量却握在袁世凯集团的手中。辛亥革命为袁世凯重新翻盘提供了机会。没有辛亥革命，在皇权体制下，袁世凯很可能会终老于林泉。但没有袁世凯对清政府的背叛及其夺取政权的野心，辛亥革命的前途似乎也充满变数。此时的袁世凯重兵在握，他一手培植和始终暗中控制的北洋军是无人可以匹敌的，因为它本身就是清政府的依靠力量，而南方政权的军队又大多是临时组织而未经训练的新兵队伍，战斗力相对不强。可以这样说，当时只有袁世凯具有翻手为云、覆手为雨的力量，他也因此成为南北双方争相利用的抢手货。南方许其以临时大总统职位促其早日"反正"，以结束清王朝的专制统治；清政府则不得不屡次为其加官晋爵，以致使自己的命运完全捏在袁世凯的手中，为其彻底出卖自己提供了充分的条件。这个千载难逢或者说是古今中外历史上绝无仅有的"机遇"出现在袁世凯的面前，何去何从任由自便。既然清政府在1908年已经抛弃了袁世凯，在这个决定王朝命运的重大历史关头，袁世凯自然也就不会去做第二个曾国藩，用北洋军的力量去彻底平定革命派的反政府运动。这样，清政府垮台的命运最终也就不可避免。客观地说，清王朝与其说是被革命推翻的，倒不如说是因为维护自己统治的内部机制迅速烂掉而灭亡更为恰当。中外大量事实表明，堡垒往往是从内部攻破的，长于内斗、短于外争的政府是没有前途的。

总之，"华夏传统政治文明"书系是从总结政治和历史经验的角度，对中国数千年传统政治文明所作的一点简单梳理、概括和剖析，力图从中找出一点规律性、代表性的东西分享给大家，如其中能有一言片语为读者大众所接受、所运化，则笔者一片苦心即不算白费。写到这里，魏武帝曹操《短歌行》中的一句话忽然跳上心头："青青子衿，悠悠我心，但为君故，沉吟至今。"是啊！世间有做事之人，如管仲、商鞅；世间也有行教之人，如孔子、孟子。人生一世不能如草木一秋，总应该做点力所能及的事情，总应该让自己有所绽放才是。我辈不才，仰望圣人如观日月，力虽不逮，不等于只能空耗余生。小子狂妄，敢用李太白"天生我材必有用"、顾炎武"国家兴亡，匹夫有责"之言来勉励自己。值今日盛世年华，不用为衣食住行操心，更应该集中心力扬鞭奋蹄、致力耕读，以为民族文化继承和传播尽一份心，虽力不能至，然心向往之。

最后，四书只是笔者之谬言，不足之处在所难免，欢迎大家批评指正。

马平安
2018年夏于京西大有北里宿舍

目 录

001　第一章　宗法制度与以德治国
　　　　　　——周公治国论

003　　一、以民情视天命，全面开创人文新时代
008　　二、开创以德治国新模式，敬德保民慎罚
011　　三、封邦建国，奠基华夏政治大一统格局
015　　四、制礼作乐，完善传统中国的宗法制度

025　第二章　尊王攘夷与商业治国
　　　　　　——管仲治国论

027　　一、临危受命，成为齐桓公的股肱重臣
030　　二、制定与实施富国强民的经济发展战略
036　　三、以法治国，"君臣上下贵贱皆从法"
040　　四、尊王攘夷，辅佐齐桓公成就齐国霸业

| 051 | **第三章 中央集权与以法治国**
| | ——商鞅治国论
| 053 | 一、宝剑锋自磨砺出
| 059 | 二、大变革前的风雨
| 077 | 三、商鞅能令政必行
| 092 | 四、奏响东进统一的序曲
| 100 | 五、身前的不幸与身后的永恒

| 115 | **第四章 皇帝制度与郡县制**
| | ——秦始皇治国论
| 117 | 一、创立皇帝制度
| 121 | 二、巩固与完善郡县制度
| 129 | 三、建设帝国官僚制度
| 132 | 四、统一文字、货币、度量衡
| 135 | 五、重视与强调以法治国

| 139 | **第五章 治理转型与黄老治国**
| | ——刘邦治国论
| 141 | 一、以秦亡为鉴,推行分封与郡县并轨制
| 145 | 二、总结亡秦教训,成功实现治国理念转型

| 151 | 三、与民休息,取用黄老之术治国 |
| 158 | 四、审时度势,以法治国 |

161 第六章 罢黜百家与大一统
——汉武帝治国论

164	一、纠错补弊,加强中央集权
165	二、开疆拓土,拓边置郡
168	三、兴修水利,发展经济
173	四、打通丝绸之路,开拓中国与亚欧经济文化往来
175	五、独尊儒术,统一官方意识形态
183	六、讲法治与尊儒术的有机结合者

187 第七章 "唯才是举"与"屯田制"
——魏武帝曹操治国论

189	一、海纳百川,唯才是举
198	二、推行屯田,发展经济
207	三、抓政治根本,挟天子以令诸侯

第八章　民为邦本与权力制衡
——唐太宗治国论

- 217　一、正确处理君民关系的典范
- 224　二、治国施政上的制度创新
- 231　三、如何处理好君臣关系

第九章　强干弱枝与文官治政
——宋太祖治国论

- 239　一、以法治国，重振朝纲
- 242　二、加强中央集权，把兵权、政权牢牢掌握在皇帝之手
- 247　三、推行文官治国，将科举取士与文官政治有机结合

第十章　尊主庇民与治体用刚
——张居正治国论

- 255　一、历史呼唤改革者
- 257　二、以考成法为核心推行政治改革
- 263　三、经济改革：清查田赋与实行一条鞭法
- 271　四、军事改革：外示羁縻，内修战守

| 275 | **第十一章 因俗而治与巩固统一**
| | ——康熙帝治国论
| 277 | 一、致力于恢复经济与社会秩序,彻底完成清王朝转型大业
| 283 | 二、消灭各地反叛力量,挫败沙俄侵略我国东北地区的阴谋

| 295 | **主要参考与引用文献**

第一章　宗法制度与以德治国
——周公治国论

周公是中国政治与文化史上一位极为重要的人物。谈中国传统的宗法制度、封建制度、礼乐文化，谈人文化成，都离不开周公。更为重要的是，周公对于中国传统文化价值体系的形成和发展，有着独特的贡献。他一生辅佐武王和成王父子，在政治上有大作为，在文化上有大开拓。他尊重传统，注意以史为鉴。他所开创的以德治国的模式以及人文主义精神，对后世中华文化传统产生了深远的影响，为后世中国留下了不可磨灭的印记。

公元前十一世纪，周武王发动牧野之战，一举灭掉了商王朝。一年后武王去世，成王年幼，由武王之弟周公旦辅政，周公因此而成为周王朝各项制度的实际制定人。饱经沧桑的周公，认真汲取殷亡的历史教训，对于如何巩固新生的周王朝，从政治观念到政治制度，均有比较深入的思考与大胆的开创。周公提出了系统的政治主张和理论，他在中国古代政治思想史上有着特殊的地位，可以说是中国传统政治的开山鼻祖。

一、以民情视天命，全面开创人文新时代

周王朝建立伊始，统治者就面临着一个亟待解决的重大课题，这就是对于周人国家的意识形态，如何实现从神本世界向人文世界的转变。

商王朝非常重视祭祀上天鬼神，为什么还会灭亡呢？这是周初的统治者不得不思考与求解的一个迫切问题。

殷商时期盛行神权政治，单靠神威治理天下，宗教活动与政治活动糅合在一起，以致虚无缥缈的上帝意志支配着国家机器的日常运转。西周初年，周人在宗教信仰上仍然与殷人一样，也把上帝视为至上神。这样便有一个极大的矛盾摆在周人的面前，一方面，上帝不能被抛弃；另一方面，如何才能把上帝从殷王手里夺到自己手中，变成自己的保护神？周公成功地解决了这一

问题。

  周公从殷商亡国的教训中认识到"天命靡常"①,人事好坏则在政治兴亡中起着决定性的作用。"殷商统治者人无分君臣,事无分巨细,时无分春秋朔望,地无分宗邑山河,不停地占卜,虔诚地祭祀,深信有命在天,到头来牧野一战,终究逃不脱亡国之祸。这件事情对新兴的周王朝教训太深刻了。周公面对现实,从中悟出了'天命靡常'的道理……比起殷人来,周人的占卜与对天神祇的祭祀确是少多了。"②商王朝灭亡之后,周人总结了商朝灭亡的教训,对人类社会发展的规律有了进一步的认识,认为决定国家存亡的根本并不是上天,而是人的德行,如果德行出了问题,无论如何祭祀上天,也是没有作用的。因此,在周公摄政七年中,在处理政务上直接走向前台,不再像殷商时代那样事事都要占卜请示上帝。一方面,他尊重人心,继续高举上帝的旗帜;另一方面,他则将主要精力寄托在周王朝统治者的勤政爱民上面。在周公的言论中,上帝的权威得到了绝对的遵从。上帝被称之为"天",周公不管讲到什么或做什么,都声称是天或上帝的意志和命令。这种权威的典型表现是"命哲、命吉凶、命历

---

① 《诗·大雅·文王》。
② 陈戍国著:《中国礼制史》(先秦卷),湖南教育出版社2011年版,第188页。

年"①。"命",意思是天把大命赐予圣哲。人间的祸福吉凶,或年头的长短也都仍然由天命决定。然而,周公并没有简单地继承商王朝关于上帝至上权威的政治观念,而是有所修正,利用神权来抬高王权,在此基础上建立了周王朝自己的官方意识形态。这主要表现在以下几个方面:

第一,建立了"惟命不于常"②的政治观念。

周公提出的"惟命不于常"命题是对天即上帝理论最重要的修正和补充。这句话的意思是:上帝所赐予的大命不是固定不变的。由此引发出一个疑问,既然天命不是固定不变,那么上帝是根据什么来赐予或更改大命呢?周公认为,这要看王的表现。天之所以不保佑殷王,就是因为殷王辛胡作非为,奢靡无度,酒气熏天,被天抛弃。《尚书·酒诰》说:"故天降丧于殷。罔爱于殷,惟逸。天非虐,惟民自速辜。"周公以此为依据来解释夏、商、周的朝代更替因由。周公指出,夏人不听上帝的规劝,不能节制自己的淫泆放荡之举,因而才会有"成汤革命"之说。从成汤到帝乙,诸王都努力行德政,尊祀上帝。于是上帝保佑殷,平安得治,可是继起的嗣王即帝辛以及武庚,不听上天的教诲,而且还欺骗上帝,奢侈腐败,不顾民难,因此,"上帝不保,降若

---

① 《尚书·召诰》。
② 《尚书·康诰》。

兹大丧"①,殷被周灭亡。周代殷而起是因为周的先王,特别是文王、武王谨遵天命,努力从政,不敢荒政,"故我至于今,克受殷之命"②。

第二,提出了上帝以德选民人之主的命题。

这是周公对殷人天命观的另一项重要修正。周公认为,谁能做"民之主",由天选定。周天子知天命,上帝也就只保护周天子。周之所以被天选中取代了殷商,就是因周有德。《尚书·康诰》说:"惟乃丕显考文王,克明德慎罚,不敢侮鳏寡。庸庸,祗祗,威威,显民。用肇造我区夏。"大意是,英明的祖先——文王崇德慎罚,不敢欺侮那些无依无靠的老少,用可用,敬可敬,威可威,使民都明白道理。因此上帝使我们小邦周强盛起来。《尚书·大诰》中也说:"已!予惟小子,不敢替上帝命,天休于宁王,兴我小邦周。"大意是:唉,我是文王之子,不敢废弃上帝之命。上帝帮助文王,使我们小邦周兴旺起来。经过周公的改造,周人天道观的一个重要变化是直接称周王为天子,以往夏、商仅说王之祖先出自上帝的安排,现在将在位之王直接呼为天子,确立王权神授的观念意识,这就进一步神化了王权,提高了统治者的威信。

---

① 《尚书·多士》。
② 《尚书·酒诰》。

第三，以民情视天命。

这是周公对上帝观念的第三项修正。周公民本思想的产生与小邦周战胜大邑商这个事实有着极大的关系。小战胜大，弱取代强的事实说明，不能简单地一味依赖神明，也不能依靠固有的权力，必须找到一个能够取之不尽、用之不竭的力量源泉，这个源泉就是民众。周公对民众的重视与他对商王朝灭亡原因的总结以及深刻的反思，有着很大的关系。《康诰》中说："天畏棐忱，民情大可见。"这就是说，上帝的威严或诚心，从民情上可以看到。由此进一步引出民近而天远，不知民情就不要妄论天命的思想。《大诰》说："弗造哲，迪民康，矧曰其有能格知天命。"如果还没有使民通情明白，引导民达到安康之境，怎么能说知天命呢？《左传》襄公三十一年载鲁穆叔引《尚书·太誓》曰："民之所欲，天必从之。"这句话又见于《左传》昭公元年、《国语》中的《周语》《郑语》等。《孟子·万章上》引《尚书·太誓》曰："天视自我民视，天听自我民听。"这种思想显然在周初已经萌芽。

从神本世界走向人文时代，这是一场深刻的文化转型，而与之伴生的则是重整世界礼乐文明秩序的时代性课题。周公可以说是位绝顶聪明的政治家，他以清醒的头脑、理智的思考、大胆的尝试，成功地实现了官方意识形态由神本到人文政治的转变。因为他提出了类似于以民为本、本固邦宁的政治思想，就有人说他根本不信上帝，对此我们可以进一步探讨。周公确实是一位成熟的政治家，周初还没有抛弃上帝的历史条件，他也不可能抛弃上帝，将上帝的代言权收归周天子之手，重新加以诠释，确立官方的意识形态，周公出色地做到了这一点。周公的理论既保存了上帝，又解释了朝代的更替；既把上帝继续当作政治的保护伞来满足人们精神世界需求，又提出了要面向现实，注重人事，注重民情，从而满足了神、人两方面的要求。

二、开创以德治国新模式，敬德保民慎罚

德在殷代已经作为一个政治概念被提了出来，《尚书·盘庚》篇即把德视为关系到国家政治成败的关键之一。周公的贡献是进一步提高了德在国家政治生活中的地位，确立了以德治国的政治新模式。周公用"德"说明了"天"的意向，天惟德是选；用德的兴废作为夏、商、周三代更替的历史原因，有德者得天下，无德者失天下，有德而民和，无德而民叛。

周公所说的"德"，内容极广，归纳起来主要有十项：

（1）敬天；（2）敬祖；（3）尊王命；（4）诚心接受先哲之遗教；（5）怜小民；（6）慎行政，尽心治民；（7）无逸；（8）行教化；（9）"做新民"；（10）慎刑罚。周公将德作为一个综合政治治理的政治理念，充分融信仰、道德、行政、政策

为一体，这是对中国政治治理史的一项重要贡献。

"保民"是周公提出的又一个新的政治概念。

《尚书·康诰》中反复讲"用民乂民""用康保民""惟民其康"，还有"裕民""民宁"等。"乂民"即治民。"保民"与"乂民"相近，但又不同。《说文》：保，养也。"畜"，亦作养。《尚书·盘庚》中有"畜民""畜众""重我民"之说。"保民"当是这种思想的发展。"保民"又延伸出"养民"等不同说法。"保民"的基本点是强调治民的态度。周公认为，以德治国，就是要体察民情，关心民生之疾苦，"知小民之依"①。统治者应把民众的痛苦视为在己身一样加以重视。周公认为，不关心民众的疾苦就会引发民叛，只有像对待自己的痛苦一样去对待民的痛苦，才能使执政者的统治地位安如磐石。为了达到保民的目的，周公告诫群臣子弟，不要贪图安乐，恣意妄为，要谨慎从治。《尚书·无逸》说："治民祗惧，不敢荒宁。"要做到"怀保小民，惠鲜鳏寡"。

鉴于殷代滥刑乱罚招致民怨民叛的经验教训，周公对刑罚的原则也做了新的阐发，提出以善用法，以德施刑，并将"慎罚"与德并列。德为根本，罚是补充。在用刑问题上，周公强调了以下几点：

---

① 《尚书·无逸》。

第一，要依据成法成典用刑。《尚书·康诰》说："敬哉！无作怨，勿用非谋非彝。"周公强调按"常典""正刑"用刑，以纠殷纣王滥刑之偏，这对稳定民心有重要作用。

第二，用刑要注意犯罪者的态度。《尚书·康诰》说："人有小罪，非眚，乃惟终，自作不典，式尔，有厥罪小，乃不可不杀。乃有大罪，非终，乃惟眚灾，式尔，既道极厥辜，时乃不可杀。"意思是，一个人犯了小罪，但他不知反省，还坚持不改，继续顽固下去。这样，即使罪不大，也必须把他杀掉。相反，一个人犯了大罪，知道悔罪，而且又不是故意犯罪的，便可以宽恕不死。

第三，用刑原则在于使民众心悦诚服。《尚书·康诰》说："乃大明服，惟民其敕懋和。"用刑使民心服，民就会安于本分，勤劳从事，不犯法。

第四，谨慎刑决。判决时切忌匆忙，要多考察一些时间。《尚书·康诰》说："要囚，服念五六日，至于旬、时，丕蔽要囚。"意思是判决罪犯时，谨慎思考五六天乃至十天、三个月，以免出现差错。

第五，对于不从王命，寇攘奸宄，杀人越货，不孝、不友，违法之官吏等等均应严加处刑，以刑去刑。①

---

① 刘泽华、葛荃主编：《中国古代政治思想史》，南开大学出版社2001年版，第7、8页。

周公的敬天、明德、保民、慎罚等行政治理思想显然是为优化现存秩序，维护周王朝统治利益而设置的，其基本政治取向是维护周天子及各级诸侯官吏的政治权威。但周公能够高瞻远瞩，大胆创新，在建立周王朝的官方意识形态与一系列配套的政治制度时，用高度的政治智慧将各种政治规范归纳为德，统一于道，通过道德的哲理化，王的君权神授化和先王之道的系统化、完善化，形成了一整套理想的政治准则，这是创先人所未创，大大有益于中国政治及文化的发展。从周公开始，有关民本的政治思维模式始终占据了历代统治思想的主流位置，周公的开创之功不可没。

三、封邦建国，奠基华夏政治大一统格局

分封制度在周武王灭商后就已经开始，但真正完成则在周公摄政时代。

尧舜禹时代，氏族部落林立，一个部落就是一个邦国，被史学家称为万邦时代。夏商两代，经过兼并，邦国已经减少为三千余个。大禹涂山大会诸侯时的所谓万邦到西周初年只剩下一千八百余国，经过周公东征扫荡后更是所剩不多，也就只有百余个了吧。

这是一个由分散到集中的组合过程。

在周公东征西讨下，周王朝的统治已经逐步突破殷商贵族和地方诸侯势力的制约，在中央高度集权的道路上向前迈出了很大的一步。

周公东征胜利后，周王朝疆域较之殷商时代有了空前的扩大，采取何种体制有效维护统治，达到长治久安，这是摆在周初统治者面前亟待解决的现实问题。面对这一问题，周公根据现实具体情况，大胆创新，在武王初步分封的基础上，全面推行分封制度，彻底实现了华夏早期政治文明由部落制向邦国制的根本性的转变。

周王朝政治制度是由以分封制为基础的一整套庞大的政治体系构建而成的。它主要包括分封制、礼乐制度以及在此基础上建立起来的一整套详细而庞杂的宗法制度。西周封建制的意义，即在于通过这种分封制度，将周王室的统治势力扩展到过去达不到的地方，较好地解决了过去夏、商两代王朝所没有解决好的中央与地方之间的关系问题，弥补了夏、商两代所暴露出来的中央政府对地方力量控制十分薄弱的缺陷。

大量历史事实表明，在代殷统治之初，周人对如何治理新夺得的天下并无成熟的经验可循，周武王在灭商之后最初试图建立的国家政治体制，仍旧是效仿殷商王朝政治模式的旧有的方国联盟体制。以另起炉灶为标志的周初大规模分封诸侯是在周公东征以后。倘若殷商灭亡后失败的殷人能够从此甘心屈居于臣属的地位,那么周政权未必不会像殷商时代那样,沿着众多方国林立时代的体制老路继续走下去。然而,失败者总是不甘心自己失败的命运,企图复辟的商纣王之子武庚,联合被周政权派来监视商遗民却因对周公摄政不满而与之勾结的管叔和蔡叔,想乘武王新死、成王年幼而周公大权在握的主少臣疑之机起而叛周复辟,这就使立足未稳的周王朝立即面临被颠覆的危险。在这危急存亡之秋,周公力排众议,坚决果断地率师东征平叛,经过三年多时间,不仅彻底粉碎了殷人重登盟主宝座的复辟梦想,而且还趁间消灭了周王朝过去管束不到的众多邦国集团。

东征平叛后,周公认真总结教训,挟再胜之威,对周王朝国家制度进行了极具深远意义的根本性改革,彻底废除夏、商的盟主联盟行政体制,全面推行分封制度,将同姓诸侯与周室勋臣封派到原先周人势力不及的地区进行统治;同时,又通过制礼作乐,使周系诸侯与其他文化落后的部族方国在文化意义上截然区分开来,而周系诸侯之间则具有了共同的文化观念与制度约束的同一性基础。这就改变了周初那种不平等方国联盟的实体政治格局,把周王朝改造成为一个政治宗法化,以共同的政治利益为基础,以礼乐制度和天下文化观念为纽带,以周王为宗主,宗族诸侯为主、异姓诸侯为辅,同时又具有"夏夷"之辨意识的强大的统一王朝。

历史表明,周人封邦建国虽然并非从周公开始,但在他摄政期间分封制度的建设进入高潮却是不争的事实。分封诸侯的目的是拱卫中央王朝。经过周公大规模的封邦建制，周王朝的行政管理模式与殷商的方国政治联合实体已经有了实质性的不同。它是在打破旧式部族方国血缘界限的基础上，以周天子授土授民的名义赐予，由姬姓或异姓功臣建立的、以周人为统治族的新型国家政治实体。在分封整合过程中，原来的"殷民七族""殷民六族"以及其他一些商代较大方国的贵族和遗民，整族整族地被拆散并被迁往各周人的封国，由封国统治者"帅其宗氏，辑其分族，将其类丑，以法则周公，用即命于周"①，进行分化式管理。这样做的结果，使得殷人的旧有势力脱离本土，云散四方，被分别羁绊，已不可能重新聚合，死灰复燃。所以，经过周公分封之后的殷人，已没有了重温复国旧梦的可能。更为重要的是，通过周初的封建制过程，这些由周公授土授民新建的诸侯国家，已经不再是旧式的血缘聚居的方国，而是由周人、本地土著、外迁的殷人以及其他方国各部族混合的，以周人为统治主体的，具有新型中央与地方关系意义的新型国家。这些分封的诸侯国家在名义上属于周天子所有，在实际政治、生活中也必须听从周天子的指挥，并必须对周王室承担各种责任与义务，如镇守疆土、缴纳贡赋、随王出征、定期朝觐、派人为王室服役等等。它们与周王室

---

① 《左传·定公四年》。

的关系，已不再是方国联合体时代的那种松散的成员与首领的胁从关系，而是一种新式的君臣关系，这就使得王权得到前所未有的强化，中华民族"天下一体"的观念也由此产生。

四、制礼作乐，完善传统中国的宗法制度

世所公认，制礼作乐与完善宗法制度，是周公一生的主要政治业绩之一。

周公的制礼作乐，实际上就是在吸收夏、商前朝政治经验教训的基础上建立周王朝自己的一整套政治文化制度。制礼作乐是对周人政治、社会文化活动等各个方面进行的一次比较全面的规范，更是对周王朝政治、社会秩序的重建与固化。

后世儒家称周公"制礼作乐"，草创百制，把周初所有制度建设，都说成是由周公一手制定而成的，这未免有吹捧、夸大之嫌。然而，不可否认的是，先秦典籍中确实多处记载有关于周公制礼作乐的事情。如："先君周公制周礼"[1]；"晋侯使韩宣子来聘……观书于大史氏，见《易》、《象》与《鲁春秋》曰：'周礼尽在鲁矣。吾乃今知周公之德，与周之所以王也。'"[2]此外，

---

[1] 《左传·文公十八年》。
[2] 《左传·昭公二年》。

《逸周书·明堂位》《礼记·明堂位》《尚书大传》等文献都直截了当地称周公"制礼作乐"。可见,周公为在制礼作乐方面确实做出过重大的开创性贡献。西周的典章制度非一时一人所能完成,从文王、武王开始创制,由周公总其成,后又经历代充实完善,当是比较符合实际的结论。

周王朝建立后,殷商时期具有政治宗教性质的礼乐文化制度已经不适应形势发展需要,要求重新建设。尊崇鬼神的殷人失败亡国,天地鬼神失去了以前的崇高地位,人的地位受到了空前未有的重视,中国礼乐审美文化发生了里程碑意义的巨大变化。徐复观认为,"中国文化,大约从周公已经开始了人文主义性格的构建。礼乐是人文主义的表征,而这恰是周公的最大成就之一"[1],这是"人文精神之跃动"[2]。傅斯年则把周初的这种思想称为"人道主义之黎明"[3]。周公"制礼作乐",建立了标志人文觉醒的礼乐文化体系,"尊礼尚德"成为周代礼乐审美文化的基本特点,我们称其为"德仪之美"。正如《礼记·表记》所言:"周人尊礼尚施,事鬼敬神而远之,近人而忠焉。"王国维在《殷周制度论》中说:"夫商道尚鬼,乃至窃神祇之牺牲,卿士

---

[1] 徐复观著:《学术与政治之间》,台湾学生书局1985年版,第309页。
[2] 徐复观著:《中国人性论史·先秦篇》,上海三联书店2001年版,第21页。
[3] 傅斯年著:《性命古训辩证》,广西师范大学出版社2006年版,第90页。

浊乱于上,而法令隳废于下,举国上下,惟奸宄敌仇之是务,固不待孟津之会、牧野之誓,而其亡已决矣。而周自太王以后,世载其德,自西土邦君、御事小子,皆克用文王教。至于庶民,亦聪听祖考之彝训。是殷周之兴亡,乃有德与无德之兴亡,故克殷之后,尤兢兢以德治为务。"①

作为执政者,周公非常重视对历史经验教训的总结和借鉴。孔子说:"周监于二代,郁郁乎文哉,吾从周。"②周公正是参酌夏、商两代的政治文化历史资料,根据周王朝的实际情况加以损益,删去陈腐、过时的内容,增添新鲜、实用的成分,在此基础上创造了灿烂、丰富的周文化。这种对历史遗产采取"损益""扬弃"的科学态度,正是周公"制礼作乐"的重要原则。

礼乐制度是周公对中国政治文化制度的一次飞跃性的革新。王国维在《殷周制度论》中说:"周人制度之大异于商者,一曰立子立嫡之制,由是而生宗法及丧服之制,并由是而有封建子弟之制、君天子臣诸侯之制;二曰庙数之制;三曰同姓不婚之制。此数者,皆周之所以纲纪天下。其旨则在纳上下于道德,而合天子、诸侯、卿、大夫、士、庶民以成一道德之团体。周公制作之

---

① 王国维著:《观堂集林》(第二册),中华书局1959年版,第479页。
② 《论语·八佾》。

本意，实在于此。"①周人取得天下后，用什么制度才能管理好这样一个偌大的国家，是摆在统治者面前既严峻又急迫的问题。周公扬弃前朝经验教训，设计出了一套以宗法制度为核心的"封侯建国""制礼作乐"方略。实际上，所谓宗法制度，就是以家族为中心，按血缘关系远近区别嫡庶和亲疏的一种政治法则。周初所制定的宗法政治制度主要包括嫡长子继承制和宗庙继承制等内容，真正解决这一问题的是西周时期确立的嫡长子继承制。

实际上，商代后期已出现嫡庶分别，但仅是萌芽而已。周文王之时正式确立世子之制，即文王在位期间即指定武王作为自己的继承人。在这以后，逐渐出现了一些成文制度，即"立嫡以长不以贤，立子以贵不以长"②的原则。这一原则通过西周初年加以完善的宗法制度而最后确定下来。

宗法制度的核心问题就是通过血缘亲疏及长幼辈分的血族观，保证嫡长子继承王位。即在嫡庶所生诸子中，必须确定嫡正所生之子的优先继承地位，而在诸嫡子之中，又必须确定长子的优先继承地位。这一客观的标准使继承人的资格被限制在一个人身上，其他诸王子不敢冒天下之大不韪而争夺王位。这为统治集团提供了权力的继承和更迭原则，降低了权力转移时政治震荡的

---

① 王国维著：《观堂集林》（第二册），中华书局1959年版，第453—454页。
② 《公羊传·隐公元年》。

频率。嫡长子继承制确立了嫡长子在继承权力、财产和主持祭祀等方面相对于其他兄弟的优先权。按今天的观点看，它所反映的是一种法律与权力秩序规范的关系。但在周初，平民和奴隶是没有什么东西可以传给后代的，因此它主要是周代贵族在进行权力分配时的一种政治规则。"周代宗法制的主要特征是宗统与君统合一，宗法制度渗透到国家政治、经济、军事、思想一切领域。周王为天下大宗，诸侯为一国大宗，卿大夫为采邑内大宗，宗法制度从天子至士庶人普遍存在，成为'家天下'的一个系统"[1]。"从国家政治的角度看，直接受封的诸侯必须奉天子为共主，接受王室的行政领导；就家族关系而言，西周实行以'嫡长子继承制'为核心的宗法制度，周天子即是同姓诸侯群体的最高家长——宗主，诸侯在封国内则是由其子弟构成的中小贵族的宗主，在此政治格局之下，天子与诸侯之间，是君臣而兼家长与子弟的双重关系，国事也就是王族的家事。"[2]由此可见，家国同构，应是周公制定宗法制度的核心点与出发点。

周王朝建立后，周王、诸侯、大夫、士等各自的地位身份、相互关系的处理准则，全部体现在以宗法为核心的分封制度与礼

---

[1] 钱宗范著：《周代宗法制度研究》，广西师范大学出版社1989年版，第79页。
[2] 许倬云著：《西周史》，生活·读书·新知三联书店1993年版，第151页。

乐制度当中。宗法制、分封制、礼乐都是国家制度。"为了便于统治的从属关系能够巩固,以血统的嫡庶及亲疏长幼等定下贵贱尊卑的身份,使每人的爵位及权利义务,各与其身份相称,这在当时称之为'分','定分'即所以建立当时的政治秩序。'分',是以身份作根据所划分的;通过各种不同的礼数,把分彰显出来,且使之神圣化。其分封异姓时,也必以婚姻连系起来,使成为姻娅甥舅的关系,这依然是以血统为统治组成的骨干。"①"分"既体现在礼乐制度当中,也体现在分封制度当中,由周公根据当时各种条件而确定,其中最重要的是血缘关系。②

西周初年,周公"一沐三握发,一饭三吐哺"③,在"制礼作乐"、建立以血缘关系以及人伦道德为中心的宗法制度,重构人文礼乐文化等方面,在中国政治、文化发展史上均具有里程碑式的意义。随着民本、重德观念的不断发展,中国终于在周公时代孕育出了人文思想的曙光,标志着天地鬼神祛魅、人文真正觉醒时代的来临。周公在政治文化上的开创,为孔子开创儒家学说提供了宝贵的火种与丰沃的思想土壤。周公是中国政治史、文化史上的伟人,对中国政治、文化的创建与发展做出了巨大贡献。

---

① 徐复观著:《两汉思想史》(第一卷),九州出版社2014年版,第19页。
② 张义宾著:《中国礼乐审美文化史纲》,齐鲁书社2016年版,第46页。
③ 《史记·鲁周公世家》。

牟宗三说:"周公对中国文化的贡献是很大的,就是在人之所以为人、人如何能站起来这人道方面,也是贡献很大。"①杨向奎说:"宗周承袭了过去而创造了自己的灿烂文明。在这种文明的创造过程中,永远不能忘掉周公,周公、孔子都是创造中国文明的不二祖先。"②"宗周是夷夏合流,此后华夏民族形成,而'郁郁乎文哉'的周,使夏商以来的传统文明发展到新的顶峰,为以后中华民族之灿烂文明建立下良好的基础。"③周公制礼作乐等宗法政治文化制度与思想的提出及其实践,对传统中国社会政治与文化都产生了深远的影响。祖述周公的儒家学派始终倡导对宗法制度的维护。自汉武帝"罢黜百家,独尊儒术"以后,儒家思想成为官方的意识形态,长期居于正统学术思想的地位。这就使宗法制度在民间得到了更为广泛的推行,在中国社会中形成了始终是由血缘纽带与儒家文化维系着的宗法组织——家族,家族充当着中国社会的基石。在西汉至南北朝时期,由于推行了保护门阀世族的九品中正制和占田制,一些宗法豪强势力崛起,在全国各地形成了一大批豪门世族。特别是在魏晋南北朝时期,因战乱频繁,统一的中央政权长期缺位,造成世家大族横断乡里,独霸

---

① 牟宗三著:《中国哲学十九讲》,上海古籍出版社2005年版,第47页。
② 杨向奎著:《大一统与儒家思想》,北京出版社2011年版,第28页。
③ 杨向奎著:《宗周社会与礼乐文明》(序言),人民出版社1992年版,第2页。

一方,形成了一个个集宗法权力和政治权力于一体的血缘组织。隋唐以来,随着科举制与均田制的推行,门阀世族遭到毁灭性打击,并逐渐绝迹。但从北宋以后,在宋明理学的大力倡导下,宗法制度又在新形势下重新恢复起来。宋儒把周公所制定的宗法制度理想化,主张重建古代宗族组织,于是在中国民间自发组成了以男系血统为中心的宗族共同体。这种新的宗法组织既不同于西周时期的政治关系、血缘关系和人神关系高度统一的宗法组织,也不同于东汉以后的门阀世族及宗法豪强,而是普遍在民间形成的宗法家族,它更具有大众性和普及性。这种民间宗法家族在宋以后的中国封建社会后期存在了七八百年的时间,成为中国社会政治生活中的一种基本社会单元,至今在某些地方仍然存在影响。

总的说来,周公不愧是中国政治史与文化史上一位重量级的人物。从大处讲,谈中国传统礼乐文化,谈人文化成,谈宗法社会,谈分邦建国,谈以德治国,谈大一统等等,都离不开周公。从小处讲,周公不避嫌怨,勇于担当,能够在武王死后辅佐成王"摄行政当国"[①],不贪恋权力,在周王朝统治巩固下来后,急流勇退,决然归政于成王,其中所表现出的高尚人品与政治操守也永远成为后世从政者不能逾越的一座丰碑。盖棺论定,周公对于

---

① 《史记·鲁周公世家》。

中国传统政治文化价值体系的形成和发展，对于中国早期大一统的草创等等均有着独特的贡献，厥功甚伟。他一生辅佐武王和成王父子，在政治上有大作为，在文化上有大开拓。他尊重传统，重视以史为鉴，敢于开拓进取。他所开创的西周人文主义精神及以德治国模式，对后世中华政治文化传统产生了极为深远的影响，在中国政治文化历史上留下了不可磨灭的重要印记。

第二章 尊王攘夷与商业治国
——管仲治国论

管仲相齐对齐国历史乃至中国历史均产生了较大的影响。作为中国古代伟大的政治家、思想家、军事家、改革家，管仲治国理政的突出成绩是：1. 在经济上，农商并重，使齐国变成了当时工商业最发达的国家。2. 在政治与外交上，采取以法治国与尊王攘夷的政策，"九合诸侯，一匡天下"，无论是维护华夏文化之统绪，还是创造华夏文化之新质，都做出了无与伦比的贡献。

一、临危受命，成为齐桓公的股肱重臣

管仲名夷吾，字仲，又作敬仲，春秋时期齐国颍上（今安徽颍上）人，他是我国早期著名的政治家、军事家、改革家，其事迹《国语》《左传》《管子》《史记》等书中均有记载。管仲的言行经后人整理记载，于战国时成书《管子》。学术界对《管子》一书的研究较多，提出了不少问题，而针对管仲其人的研究则相对较少。管仲作为辅佐齐桓公成就霸业的一代贤相，他的思想很多是开古人之先的，内容丰富，见解独特，值得学界不断深入挖掘与探讨。

管仲处于中国历史上的春秋时代，此时的齐国面临着这一时代所特有的诸多社会问题的困扰与挑战。在齐国，社会上出现了贫富分化现象，贵和贱的对立逐渐向富和贫的对立关系上移转。以传统贵族为代表的大土地所有者利用井田制遭到破坏的时机，肆意突破原来的封地范围，兼并土地，因而出现了耕地不均、迁徙逃亡的情况。面对下层民众的苦难，齐国统治者却陷入了腐败内争之中。齐国在太公望治理下的短暂繁荣后，陷入了"中衰"。而严峻的国际形势却对衰败混乱的齐国提出了挑战。当时，周天子大权旁落，逐渐丧失了控制各诸侯国的权威和维护周天下统治秩序的能力。周边少数民族也开始频频挺进中原：北

狄南下，西戎东进，南蛮北上，掠夺人口和财富，严重威胁着周王朝各诸侯国的安全。而这些国家中的绝大多数都无力抵御这场"北佬"灾难。曾经一度"小霸"的郑国逐渐丧失了霸主地位，晋国长期处于内乱之中，秦国偏于西方，楚国的势力还远没有北上，其他国家都比较弱小。只有齐国是西周初年分封的东方大国，土地广大，物产丰富，实力比较雄厚。严峻的形势要求齐国迅速从中衰中恢复过来，成就霸业，领导各诸侯国进行尊王攘夷、驱逐戎狄的斗争。管仲正是在这种国内外形势下走到历史前台的。春秋中期，齐国是东方的大国和强国，但在齐襄公时，由于政治腐败，公室内乱不止，国力严重衰弱。齐襄公弟公子纠和公子小白在管仲和鲍叔牙保护下相继逃奔鲁国和莒国。后齐庄公之孙公孙无知杀齐襄公自立。公孙无知即位不久被杀，公子纠和公子小白争夺君位。时管仲辅助公子纠，挽弓射小白，中钩，以为公子小白已死。鲍叔牙机智过人，驾车疾驰，使小白先公子纠入齐庙堂，在世卿高子、园子的支持下夺取了君位，即齐桓公。公元前685年，齐桓公即位，欲以鲍叔牙为相。鲍叔牙和管仲私交甚笃，深知管仲之才，极力推荐管仲为相，齐桓公以管仲为仇人，不同意。鲍叔牙说："君且欲霸王，非管夷吾不可。""管仲为其君射人，君如果得而臣之，则亦将为君射人。"在鲍叔牙一再请求下，齐桓公终于听取了鲍叔牙的意见。时管仲被囚于鲁国，齐桓公以与管仲有仇、愿得而亲手杀之为名，要求鲁庄公将管仲送还齐国处理。鲁庄公明知管仲有将相之才,将为齐国所用,对鲁国不利,但齐国强大,不敢怠慢,立即将管仲以罪犯身份用囚车送还齐国。进入齐国国境时,齐桓公换朝车迎接,命在庙堂上进见。这件事在《国语·齐语》和《管子·小匡》中都有较详记载。从此,管仲相齐,四十年间,通货积财,冠带天下,一举而致富民强国,使齐国一跃而成为当时列国诸侯之盟首。

　　管仲治齐,不负所望,齐国很快富强,初建霸业直至一匡天下,大致经历了三个发展阶段。第一阶段,以公元前685年管仲拜相至公元前679年。这一阶段,管仲辅佐齐桓公实施国内改革,在全国划分政区,组织军事编制,设官吏管理;建立选拔人才制度,士经三审选,可为"上卿之赞";调查土地,分等征收农业税,禁止贵族掠夺私产;发展盐铁业,铸造货币,调剂物价。"仲轻重鱼盐之利,以赡贫穷,禄贤能,齐人皆说(悦)",齐国国力迅速上升。第二阶段,公元前679年至公元前657年,这一时期管仲推行"尊王攘夷"战略,走出海岱大地,迈向国际空间,加强齐国与周天子以及各个诸侯国之间的联系,广泛结盟,提升齐国在诸侯国之间的地位,诸侯国纷纷与齐国结盟,寻求庇护,齐桓公霸业初成。第三阶段,公元前658年至公元前645年管仲病逝,管仲把"尊王攘夷"战略实施到淮河流域诸侯国,采用"弱强继绝"的战略,深化发展"尊王攘夷"路线。在此期间,管仲政治上坚持拥护周王室的立场,坚持维护周王朝的宗法制度,扶持周王室,扶持弱小诸侯国,遏制和削弱"亢强"的诸侯国与北方夷狄的南侵,藉以扩大诸侯国的联盟,最终确立了齐国在春秋初年的霸主地位。

二、制定与实施富国强民的经济发展战略

相齐期间,管仲进行了一系列的社会经济改革。在这些改革中,管仲将经济发展放在国家治理中的优先地位,以富国强民作为改革的重点。司马迁说:"管仲既任政相齐,以区区之齐在海滨,通货积财,富国强兵。"① 经过管仲的努力,齐国迅速发展成为当时东方的强国,为齐桓公称霸奠定了基础。

第一,发展农业,减轻农民负担。

春秋时期是我国社会发生剧变的重要时期。西周推行的井田制度走向瓦解,"公田不治""草在田间"的现象已经十分严重。随着争霸战争的需要,改革现有经济制度,想方设法发展经济,已经成为当时各诸侯国家生存发展的第一要务。在齐国,齐桓公任用管仲为相,对齐国进行了大刀阔斧的改革,在治理齐国期间,管仲积极鼓励发展农业生产,同时注意减轻民众的负担。在《管子·牧民》篇中,管仲首先便提到"凡有地牧民者务在四

---

① 《史记·管晏列传》。

时，守在仓廪。国多财则远者来，地辟举则民留处。仓廪实则知礼节，衣食足则知荣辱"。管仲认为治理国家必须重视农业生产的发展，而发展农业就必须重视土地的大量开发，只有大量开荒，扩大耕地，增加农业产出和储备，才能富国强兵，才能吸引更多的人口。在春秋诸侯国相互争霸的时代，人口的多少意味着生产力和财富的多少，意味着综合国力的高低。

管仲十分重视农业生产，认为农业生产是治国的基础。在经济改革过程中，管仲首先遇到的是耕地不均和农民负担过重的问题。当时以一家一户为单位的农民除了要到井田上参加集体的无偿劳动以外，还耕种着贵族从井田中分出来的小块土地，受着沉重的贡赋剥削。国家收赋只根据井田的数量，而不考虑土质的好坏。同时，统治者还经常在农忙时节征发徭役，妨碍了正常的农业生产。农民的主要财产家畜也常遭贵族掠夺。由于所受剥削加重，农民无法生活，被迫背井离乡，大批迁徙，离开井田到荒野开垦私田，或进入山林水泽去寻觅生计。这种状况，严重阻碍了农业生产的发展。有鉴于此，管仲按照周朝的井田制，恢复并强化了齐国受到破坏的授田制度，采取了"正地"和修治经界等措施。"正地"是把长于、短于、小于、大于百亩授田的边界，按照井田模式纠正过来。修治经界为"三岁修封，五岁修界"，使井田疆界不受破坏。每隔一年再"更制"一次，重新划定和分配土地，以保证授田的"平均和调"。为了提高农民的生产积极性，管仲还制定了"相地而衰（差别）征（田赋）"[1]和"赋禄以粟，案田（区别土地肥瘠）而税"[2]的政策。在此之前，国家向农民征收田赋，对土地肥瘠不加以区别，一律照田亩数征收，农民不堪重负。管仲则认为应当以土地的肥沃贫瘠，分别等级征收，并且规定"二岁而税一，上年（丰年）什取三，中年（平年）什取二，下年（歉收年）什取一。岁饥不税。岁饥弛而税"[3]，让农民依照粮食收成丰歉缴纳赋税，还规定每二年缴纳一次，遇到荒年可以不缴纳。这一改革，较之不论土地肥瘠，也不管年成丰歉，每年必须按田亩数缴纳赋税的办法，农民负担显然要减轻多了。更重要的是，这一新的田赋制度使土地占有者和耕种者之间的关系也发生了质的变化。收取田赋的已经不再是奴隶主贵族，而成了封建地主，耕种土地的也已经不再是奴隶，而成了农奴或佃农。这和公元前594年（鲁宣公十五年）鲁国"初税亩"，标志着生产关系的变革，在性质上是相同的。不过，管仲在齐国采取"相地而衰征"，在时间上却要早得多。至于"赋禄以粟"，顾名思义，也就是说西周以来各国诸侯和卿大夫等贵族，都是依照分封的土地或采邑（包括依附土地上的奴隶），过着不劳而获的

---

[1] 《国语·齐语》。
[2] 《管子·大匡》。
[3] 《管子·大匡》。

生活，但管仲要求齐桓公给卿大夫等贵族发给一定数量的粮食作为俸禄，这样做的结果，实质上就打破了世卿世禄制，那些卿大夫等贵族也就和土地脱了钩，不再是世袭的奴隶主贵族，而成了新的领取俸禄的封建官僚了。虽然这个制度在齐国实行得并不彻底，但客观上对奴隶主贵族的世卿世禄制毕竟是一次重大冲击。这项改革前所未有，为战国时期李悝、吴起、商鞅等人的变法开创了先路。

不仅如此，管仲还规定征发劳役不妨碍农耕的时令，不掠夺农民的家畜。尤其是在农忙季节，他要求保证有足够的人力、物力用于农业生产。管仲特别强调："山林虽广，草木虽美，禁发必有时（开发要有一定的时间）；国虽充盈，金玉虽多，宫室必有度（建造宫室必须有一定的限度）；江海虽广，池泽虽博，鱼鳖虽多，网罟必有正（网眼大小必须有规定），船网不可一财而成也（不可一网打尽）。非私草木爱鱼鳖也，恶废民于生谷也（并非吝啬草木鱼鳖，而是担心荒废了粮食生产）。"①这些措施减轻了农民负担，使农民生活趋于安定。这无疑有利于齐国农业生产的恢复和发展。

第二，对内搞活，对外开放，大力发展工商业。

在提高民众的劳动积极性、促进农业生产发展的同时，管仲

---

① 《管子·八观》。

还采取了一系列鼓励工商业发展的有效措施。

齐国东临大海,有鱼盐之利,管仲主张凡鱼盐出口可不纳税。他又设置盐官、铁官,发展盐、铁业;铸造和管理货币,促进商业和手工业的发展。根据年成的丰歉和百姓的需求,集散货物,"以其所有,易其所无"[①],做到通货积财,增加国家收入。具体而言,管仲发展工商业的措施主要集中在以下几个方面:(1)使四民分业定居。即士农工商各有其居住区,不许迁徙,不许杂处,职业世代相传。这样,使工商从业人员确立起有利于本行业发展的生活环境,并通过各自职业和居住的固定化,逐步养成浓厚的专业气氛和良好的职教风气,业务专长也可得到不断提高。(2)放宽商业税收,发展商业贸易。其中最重要的就是免征商业贸易税,鼓励对外商品贸易。《国语·齐语》载,管仲主张:"通齐国鱼盐之东莱,使关市讥而不征,以为诸侯利。"又据《管子·大匡》载:"桓公践位十九年,弛关市之征,五十而取一。""关市讥而不征"是对过往关卡的客商及其所带物资只盘查不收税;"五十而取一"是 2% 的轻税。总之,管仲任相期间,对商人是非常宽容的,这对发展齐国的社会经济起了重要作用。(3)对国外来商采取一系列优惠政策。为了开展对外贸易,以"来天下之财",管仲建议桓公:"请以令为诸侯之商贾

---

① 《管子·小匡》。

立客舍,一乘者有食,二乘者有刍菽,伍乘者有伍养。"也就是设立宾馆,并提供膳食、牲畜的厩棚和饲料,以招待天下客商。结果大见成效,"天下之商贾归齐若流水"。(4)"官山海",就是由国家占有并经营自然资源的开发利用。这一政策包括两个方面:一方面设官管理山海,便于国家对山海资源的开发;另一方面,将山海所产盐铁产品由政府经营并定价出售。(5)为使手工业能正常发展,管仲提出了禁末问题,禁止雕木镂金和华丽锦绣等奢侈品的生产。禁末不是禁止一般手工业,而是去掉"无用"之业,改变"侈国之俗",使手工业得到健康发展。由上可见,在外贸政策方面,管仲采取的是朴素的对外开放和自由贸易政策,在招揽外商和专业人才方面,管仲着重以经济利益吸引外商,如免税轻税、为外商提供食宿条件等。在发展工商业的所有制性质方面,管仲着重发展由国家直接经营或控制的工商业。"官山海"措施,将几种最有利可图的商品经营(主要是盐铁)从私人手里夺过来,由政府进行垄断经营。这实际上是将私营商业和商品生产改为官营,使私营工商业者失去谋利机会,打击私营工商业者。在传统农业社会中,统治者往往采取重农抑商的政策,管仲则认识到了工商业对于国家经济的重要性,重视发展工商业,这是一个十分了不起的创见。

三、以法治国,"君臣上下贵贱皆从法"

在治国理政的实践中,管仲对法治的重要作用有充分的认识并切实在政治生活中贯彻落实。

第一,在国家治理中,管仲首倡"治民之本莫要于令"的理念。在君主"一言九鼎"的人治社会,尽管当时宗法制度还占着统治地位,法治尚处于萌芽时期,但管仲在治国的实践中已经对法治的重要作用有了充分的认识。《管子·明法》就有"法者,天下之程式也,万事之仪表也"之说。《管子·任法》载:"法者不可不恒也,存亡治乱之所以出,圣君所以为天下大仪也。"《管子·法禁》中有:"君一置其仪,则百官守其法;上明陈其制,则下皆会其度也。"在这里仪与法、制与度对举,强调君主治国要以法律、制度为准则。对于法治的重要性,《管子·法法》中有:"规矩者,方圆之正也;虽有巧目利手,不如拙规矩之正方圆也。故巧者能生规矩,不能废规矩而正方圆,虽圣人能生法,不能废法而治国。故虽有明智高行,倍法而治,是废规矩而正方圆也。"因此,管仲主张"任法不任智","不失其法然后治",法治应该是治国的重要手段和规范上下成就事业维护秩序的基本依据。《管子·君臣上》中有:"治国无法,则民朋党而下比,饰巧以成其私。法制有常,则民不散而上合,竭情以纳其忠。"认为治国重在治民，治民在于用法。无法，人们就会拉帮结派而在下面相互勾结，搞虚伪巧诈以求得个人的私利。有法，并且法治行之有术，人们就不会分帮分派而会靠近君主，全心全意贡献其忠诚。"立朝廷者""用民力者""用民能者""用民之死命者"，概出于法。以法治民，民治而国安，这说明当时管仲对于治理民众管理国家的手段有了较为深刻的理解和认识。这种以法治国的方略应用到了他治理齐国的实践中，从而使齐国取得了号令一致的效果，一跃而成为当时的强国。

第二，在国家治理中，管仲提出并贯彻"君臣、上下、贵贱皆从法"的主张。

《管子·任法》说："夫生法者，君也；守法者，臣也；法于法者，民也。君臣、上下、贵贱皆从法，此谓为大治。"在实践中，管仲认为民足国富则天下大治，经济实力增强是社会政治安定的基础，与经济上"富治"思想相适应，政治上则要推行"法治"。"富治"与"法治"相互联系，相互作用。"富治"是"法治"的前提和基础，"法治"则是"富治"的重要保证。对于政治上的"法治"理政手段，管仲总结历史经验，提出了一个重要的命题："君臣、上下、贵贱皆从法。"首先，管仲从历史方面寻找到法治的依据，即古之治世皆有任法。《管子·任法》中言："昔者尧之治天下也……其民引之而来，推之而往，使之而成，禁之而止。故尧之治也，善明法禁之令而已矣。黄帝之治天下也，其民不引而来，不推而往，不使而成，不禁而止。故黄帝之治也，置法而不变，使民安其法者也。"这里从古之圣贤之君的治国之道中总结出了"所谓仁义礼乐者，皆出于法，此先圣之所以一民者也"。也就是说所谓仁义礼乐，都是从法里产生出来的，法是先圣用来统一民众行动的。国法废弛不统一是国君的不祥。民众不守法，国家擅改法度，不依法办事都是不祥的。管子从历史的角度为依法治国找到了理论依据，也确定了在政治实践中必须坚持依法理政的正确原则。

第三，管仲在治理齐国的实践中提出并贯彻"严其行"的执法理论。

管仲认为，法是"王者典器""百姓之父母"，在以法治国的实践中要做到"法不轻出，立则必行"。行法必须自上始。君主是国家的象征，具有至尊的地位；法是君主治国的法宝，发挥"兴功惧暴""定分止争"的社会功能。虽然君是法的制定者，但在为政行法时也必须以身作则，要做到"置法以自治，立仪以自政"，而不能"淫意于法之外"或"惠于法之内"。如果君主视法令为儿戏，既立又废，发出又收回，歪曲公法而迁就私意，毁坏政令而残缺不全，就会招致权贵威胁、富人贿赂、贱人讨好、近臣亲服、美色迷惑，从而走上失国的歧途。所以君主在执法问题上要做到大公无私，一视同仁，行法要不论亲疏，不分远近。不仅如此,执法、守法还应该从近臣和显贵们做起。管仲认为,凡民皆从上,君主好勇则民众轻死,君主好仁则民众轻财,且"上之所好,民必甚焉",所以,国家治乱的根源在上边。统治者必须做到"令重于宝,社稷先于亲戚,法重于民,威权贵于爵禄"①。否则,上不行,则下不从,民不从法则国必乱。

第四,除了以法治国,管仲也很重视礼治在执法中的补充作用。

除了以法治国,管仲也十分重视礼治在执法中的补充作用。管仲提出"严其行"的执法理论,但并不排斥礼治在执法过程中的重要性。一方面,管仲认为治理国家要靠法治,"令贵于宝""法爱于人""论功计劳未尝失法律也"②。另一方面,他也知道在现实政治的实践中,只靠赏功罚罪是不够的,因为"刑罚不足以畏其意,杀戮不足以服其心"③。所以还必须借助道德教化的力量,使人们自觉遵纪守法。与法家极力反对以德治国不同,管仲提出了礼法相辅的教化观,开创了"四维"说。管仲认为道德品质教育对治理国家有重要作用,指出礼、义、廉、耻,"国之四维,四维不张,国乃灭亡"④。《管子·牧民》中有:

---

① 《管子·法法》。
② 《管子·七法》。
③ 《管子·牧民》。
④ 《史记·管晏列传》。

"国有四维,一维绝则倾;二维绝则危;三维绝则覆;四维绝则灭。"管仲认为,如果不提倡和发扬礼、义、廉、耻这治国的四条纲纪,国家就要灭亡。《管子·权修》中说:"朝廷不肃,贵贱不明,长幼不分,度量不审,衣服无等,上下凌节,而求百姓之尊主政令,不可得也。"可见礼对于维护君主的权威、政令的推行起着非常重要的作用。与"四维"相对应,管仲在《管子·七法》中将"常令""刑法"等法治手段称为"四经"。这种"经"与"维"结合,礼与法相辅的思想,是管仲治理国家政略中的又一个亮点。

人类历史的经验表明,历史作为人类的遗产,其价值不是使我们回到历史的记忆中去,而是应立足于为现实实践提供克制利用的借鉴性资源。正如著名历史学家克罗齐所言,历史永远是当代史。作为一位古代伟大的政治家,管仲对当时的历史有过巨大的贡献,在治国的理论与实践方面也有极有价值的建树,这些方面都需要今人总结与升华,以为当前伟大的民族复兴大业服务。唯如此,我们在以法治国的理论与实践方面才可以对得起这位法家的开山鼻祖。

四、尊王攘夷,辅佐齐桓公成就齐国霸业

管仲任相后,辅佐齐桓公对内施行各种政治经济军事改革,

使得齐国迅速强大起来,再次成为春秋时期的强国。为了谋求齐国在国际舞台上的政治地位,管仲制定"尊王攘夷""弱弱继绝"的外交战略,捍卫周王室的"共主"地位,阻遏北方夷狄的南犯,打击楚国北侵淮河流域、问鼎中原的嚣张气焰。

春秋时期,王室式微,周王朝中央统治势力衰弱,天下共主局面已经成为历史,诸侯国纷纷崛起,新的政治社会局势,成为管仲实行与调整"尊王攘夷""弱弱继绝"战略的历史依据。

周平王至襄王在位,史家谓之春秋前期,政治格局开始发生变化。春秋初年,周天子还有些威信,自鲁桓公五年(前707年)"周郑交恶",周桓王聚集蔡、卫、陈等国兵力伐郑失败,郑国将领"祝聃射王中肩",蔡、卫、陈转而依附郑国,周王室威望扫地,一蹶不振,从此,大多数诸侯国不再受制于周王室的控制。诸侯国之间频频发生以强凌弱、你侵我夺的不正常现象,力量弱小的诸侯国畏惧大国的欺凌,采取各种外交方式,寻求大国的庇护。大国欲争霸于其他大国,则会盟各诸侯国扩大势力。诸侯国相互争夺和寻求联盟,成为春秋时期社会历史发展的一个重要特征。淮河流域的诸侯国,位于"天下之中,诸侯四通",成为全国政治活跃的地区。这里列国并峙,纷争不休。黄淮之间,比较活跃的大国有齐、鲁、郑、宋、卫,小国有邢、遂、谭、纪、祀。靠近淮泗流域的齐、鲁、徐结盟较深,靠近淮汀流域的郑、宋、卫结盟较深。鲁国附近还有任、宿、须句、颛臾等风姓小国。小国附属在各个大国一边。淮河中下游以及江淮地带，分布有徐、江、葛、黄、随、锺离、英、六、舒鸿诸侯国，他们与诸夏通婚，政治上"即事诸夏"，参与会盟。在春秋争霸的历史进程中，不断受到南北诸侯大国挟制，政治上摇摆不定，或北盟于齐鲁，或南盟于楚吴。据《史记·楚世家》记载："齐桓公始霸，楚亦始大。"楚成王在令尹子文的辅佐下，治理强盛，到楚庄王在位，武功彪炳，励精图治，选拔孙叔敖施行文治，使楚国经济繁荣、文化鼎盛。楚庄王征伐陆浑之戎，派人向周天子问九鼎之轻重。楚国先后灭掉了黄淮之间的申、息、邓等国，并伐黄服蔡，多次向郑国进攻。郑国位于黄淮地区北部，是齐国的亲密盟国，郑国接连遭遇楚国的军事进攻，支持不住，准备背齐向楚。在这种情况下，齐国如果再坐视不管，就将会示弱天下，失去盟友。齐楚矛盾渐渐明朗，齐国必须面对楚国这一强劲对手，齐楚争夺淮河流域的矛盾冲突已经不可避免。其实，周王室虽然衰微，但名义上仍然是"天子"，是诸侯国的"共主"。管仲高举"尊王"的政治大旗，藉以号令诸侯各国，坚持周公制定的宗法制度、礼乐制度；采取"攘夷"与"兴灭继绝"的战略，藉以维护各诸侯国的地位，赢得诸侯国的拥护，谋求取威定霸的大计。管仲提出"弱强继绝"，其实际上主要所指，就是要削弱楚国的势力，遏制楚国的锋芒。具体做法如下：

1. 救邢、援卫、助郑、扶宋，进军淮河流域。

公元前661年，邢（今河北邢台县）受到翟人的侵袭。管仲说："戎狄豺狼，不可厌也；诸夏亲昵，不可弃也。"①齐派兵救邢，使邢免于亡国。为了使邢国不再受翟人的威胁，齐帮助邢国迁徙到夷仪（今山东聊城县），并为它筑了城。公元前660年至公元前658年，翟人灭卫，杀了卫懿公。卫国男女730人，以及其、滕两邑的居民五千人，逃到曹（今河南滑县），立戴公。卫国濒于灭绝之际，管仲建言齐桓公率诸侯之兵救卫，帮助卫国戍守曹邑，赠送卫君生活物资。戴公死，弟文公立，齐又带领众诸侯国军队为卫国修筑楚丘城（今河南滑县）作为卫国的新都。齐国救卫，阻挡了翟人南侵，在诸侯国间取得了信誉。孔子修《春秋》予以记载，对此表示肯定；《左传》也赞誉说："凡侯伯，救患，分灾，讨罪，礼也。"齐国率军救卫之际，"楚人伐郑""囚郑聃伯"②，焚烧、毁坏郑国的城邑，郑国支持不住，向齐国求救。楚国不但伐郑，又侵犯宋国，破坏宋国的农业生产。面对楚国嚣张的气焰，管仲决定"兴兵而南"，率领联军援救宋、郑，抗击楚国北犯中原，实行"弱强继绝"的战略。管仲先礼后兵，向楚国派遣使者，商量帮助郑国和宋国恢复"郑城与

---

① 《国语·齐语》。
② 《左传》僖公二年。

宋水",结果"楚人不许"。于是管仲率领诸侯国联合军队"退七十里而舍",在郑国南面驻扎下来,"使军人城郑南之地,立百代城",为郑国重建坚固的城邑,帮助郑国恢复家园;管仲又帮助宋国恢复农业生产,修建灌溉工程,"东发宋田,夹两川,使水复东流,而楚不敢塞"①。初步遏制了楚国北进的锐气。

2. 伐蔡逼楚,取威定霸。

齐国援卫、救郑、扶宋之后,挥师前进,讨伐蔡国。齐桓公为什么出兵"伐蔡"？原因有二：首先,蔡国位于楚的边境,出兵伐蔡,敲山震虎,威慑楚国；其次,齐国伐蔡前一年,即公元前657年,齐蔡两国之间的联姻发生了戏剧性的冲突。据《史记·齐太公世家》记载,蔡国国君蔡缪侯的妹妹嫁给齐桓公,齐桓公很喜欢这位来自蔡国的美女蔡姬,与之一同乘船游玩。蔡姬出生淮河蔡水之滨,水性很好又年轻活泼,摇荡游船玩耍。齐桓公害怕摇晃,制止蔡姬。蔡姬不听,结果齐桓公被摇晃落水。齐桓公一怒之下,把蔡姬送还蔡国。当时,并没有毁弃婚姻,也没有断绝两国关系,史称"弗绝"。但是,"蔡侯怒,嫁其女",让妹妹改嫁了。齐桓公对此十分愤怒,蔡国背齐的政治态度,不单纯是个人情绪,也是诸侯各国政治上摇摆的信号。管仲这次"伐蔡,蔡溃",俘虏蔡国国君蔡缪侯,旨在教育缪侯,挽回蔡

---

① 《管子·霸形》。

国背齐的影响，防止其他诸侯国政治上的摇摆。不久"齐侯归蔡侯"，恢复缪侯的国君地位，充分体现了联盟为主的政治战略。

3. 论楚之罪，逼楚言和。

管仲伐蔡以后，进军楚国的陉邑。楚国见齐国盟军强大，不敢轻率交战，派遣大夫屈完会见齐桓公，观望齐师虚实。双方在陉地会谈。屈完质问齐桓公："君处北海，寡人处南海，唯是风马牛不相及也"，为何率领大军侵犯楚国的土地？管仲高举尊王大旗，首先拿出历史依据，向屈完证明齐桓公的身份和责任："昔召康公命我先君大公曰，五侯九伯，女实征之，以夹辅周室。"齐国很早就受命于周王室，负责监督各个诸侯国。今天是履行使命而来。管仲进一步说明：周王室"赐我先君履，东至于海，西至于河，南至于穆陵，北至于无棣"，权力范围包括全国各地。接着，管仲指责楚国的两大罪状：其一，"昭王南征而不复，寡人是问"。另一条罪状是："尔贡包茅不入，王祭不具，无以缩酒（祭祀滤酒），寡人是征。"这两个问题，都是历史问题。周昭王，成王之孙，公元前977年死于南征途中。史载昭王"南巡，守（狩猎）涉汉，船坏而溺"，昭王没有回来，这件事情发生于楚国境内的汉水岸边，楚国应当负责。另外，楚国已经很长时间没有缴纳本地贡赋"包茅"，这是国家"缩酒"祭祀的用品。国之大事，唯祀与戎。楚国必须纳贡。两个历史问题，屈完代表楚王，接受了后一个批评，说："贡之不入，有之，寡人罪也，敢不共乎!昭王之出不复，君其问之水滨。"①屈完认为当年周昭王死于汉水，应该调查当时居住于汉水的王室诸亲戚。周昭王时期，汉水一带不属于楚国境地，故楚不受罪。最后在楚国同意恢复向周天子进贡后，管仲罢兵。

4. 首止会盟，维护周王室的嫡长子继承制度。

公元前655年，周王室发生内讧。周惠王打算废掉太子郑，立爱妃之子叔带为太子，这不符合周王朝立嫡立长的宗法制度。齐桓公为了保全太子郑的地位，以诸侯拜见太子的名义，在公元前655年5月，联合八个诸侯国，在首止（今河南睢县东）召开会盟大会，讨论"王太子郑"的继承问题。太子姬郑参加了会议。这次会盟的结果，保住了姬郑的太子地位。周惠王觉得太子郑不听使唤，但又无力和齐桓公抗争，私下派人劝告郑国不要参加结盟。郑国听了周惠王的话，中途逃离了首止会议，剩下的七个诸侯共同缔结了共辅太子的盟约。会后，齐国率军征讨郑国，迫使郑国继续参加盟约，维护联盟的稳定。首止会盟，不仅维护了宗法制度，保住了姬郑的太子地位，也进一步提高了齐桓公的盟主威信。公元前651年，周惠王死，太子郑登基即位，是为周襄王。惠王妃和襄王弟弟叔带不甘心，联合戎狄发动武力叛乱，"谋伐襄王"。"齐桓公使管仲平戎于周"，把叔带留在齐国，成功解

---

① 《史记·齐太公世家》。

除了王室的危机。

5. 葵丘会盟，霸业高峰。

周襄王在首止会盟上保住太子地位，后又在顺利继承王位后，得力于齐桓公、管仲平息了叔带的宫廷叛乱。为了表彰齐国的功劳，派人给齐桓公送了祭肉、珍贵的弓箭和车子等礼物。齐桓公利用这个机会，于公元前651年在葵丘（今河南兰考、民权境内）会合诸侯，以招待周襄王派来的使者为名，举行诸侯联盟大会，扩大齐国的影响，进一步提高齐国的威信，史称这次会议为"葵丘之盟"。周天子的使者在葵丘之盟大会上，大力表彰齐桓公。齐桓公"九合诸侯"，"葵丘之盟"是最盛大的一次，标志着齐桓公的霸业达到高峰。

到葵丘之盟时，齐桓公先后帮助了三十多个小国，保护了周王朝太子郑的地位，拥立周襄王顺利继承王位。召集诸侯国兵车之会六次，乘车之会三次，九合诸侯，修钟磬而复乐。《韩非子·有度》说："齐桓公并国三十，启地三千里。"《荀子·仲尼》说：齐桓公"并国三十五"。据统计，管仲辅佐齐桓公，会盟诸侯26次，用兵28次，顺利建立了齐国在诸侯国中的霸主地位。

"尊王攘夷"与"弱强继绝"战略的本质在于兴灭继绝、援救弱小，维护周王朝的宗法制度，《公羊传》评价这一战略说："桓公救中国而攘夷狄。"对于齐桓公与管仲建立的"尊王攘夷"之霸业及其影响，孔子赞叹道："晋文公谲而不正，齐桓公正而不谲。""管仲相桓公，霸诸侯，一匡天下，民到于今受其赐。微管仲，吾其披发左衽矣。"①顾颉刚先生说："为了周平王的微弱，郑庄公的强暴，使得中原诸国化作一盘散沙，而楚人的势力这般强盛，戎、狄的驰聘又这等自由，夏、商、周以来积累了千余年的文化真动摇了。齐桓公处于如此艰危的时局，靠着自己的国力和一班好辅佐，创造出'霸'的新政治来，维持诸夏的组织和文化……所以霸政行了百余年，文化的进步真是快极了，战国时代灿烂的建设便是孕育在那时的。"②不用再多说一语，上引评价足以说明桓、管称霸对维护华夏文化统绪所起的重要作用了。

总之，管仲作为我国古代伟大的政治家、思想家、军事家、改革家，作为齐国的贤相，倾毕生之精力，内行富国强兵之大道，外建尊王攘夷之伟业，无论是维护华夏文化之统绪，还是创造华夏文化之新质，都做出了无与伦比的贡献。

总之，管仲相齐对齐国历史乃至中国历史均产生了较大的影响。

管仲治国理政的突出成绩是：1. 在经济上，使齐国变成了当

---

① 《论语·宪问》。
② 顾颉刚：《齐桓公的霸业》，《文史杂志》，1944年，（2）。

时经济上特别是工商业最发达的国家，经济实力大大增强。2. 在政治与外交上，采取以法治国与尊王攘夷的国策，在此基础上，齐才能"九合诸侯，一匡天下"，成为春秋首霸。不过，管仲改革的方式是向齐桓公提出主张，通过桓公施展自己的政治抱负和理想，推进其政治、经济、军事与外交改革的，改革中体现的是一种"人治"精神，这与当时齐国的专制政体是相吻合的。管仲死后，尽管齐国"遵其政"，但齐国的社会危机仍然不可避免地日趋严重。迨至齐桓公后任统治时期，管仲改革遂告终止，齐的霸业也随之衰落了。

第三章 中央集权与以法治国
——商鞅治国论

在秦孝公富国强兵政策感召下，公孙鞅来到秦国。从此，他的命运便与秦国复兴的命运实现了高度结合。他以铁血手段与言必行、行必果的改革揭开了强秦新帷幕，开启了秦国统一天下大业的总枢纽。公孙鞅变法，无论对当时的秦国，还是对以后的中国，皆至关重要。秦始皇的大一统、以法治国、郡县制、中央集权等"秦政"，无一不是从公孙鞅的施政方针发展而来。公孙鞅的变法，不但实现了秦孝公的强国梦，而且为秦王朝统一六国开辟了坚实而广阔的道路。无公孙鞅变法，秦恐怕无力得天下。其诸多变法内容对于以后中华两千年的政治影响之甚之大，已经由后世的历史做了很好的诠释。

一、宝剑锋自磨砺出

公元前360年的暮春，在通往秦国都城栎阳的漫漫古道上。有一人正在匆匆前行。这位行者名叫公孙鞅，后因在秦有功被封于商地，以此后世史书多称他为商鞅。

此刻，他正怀着复杂与忐忑的心情，边行边思考着自己逝去的韶光，思考着诸侯各国的大势走向及形势对策，反复盘算和想象着见到秦国君主后可能出现的各种情形与结果。

公孙鞅，本名叫卫鞅。他的祖辈是卫国的国君，按照当时"诸侯之子曰公子，诸侯之孙曰公孙"的礼制，他才又名公孙鞅。

公孙鞅虽是卫国国君的后代，但却是"庶孽公子"，也就是卫君的非正室的姬妾所生的公子，类似于我们今天所说的小老婆所生的孩子。尽管他的祖辈是卫国的国君，他也是卫国贵族的后裔，但是，到了他这一代，家道已经败落，如三国时代的刘备一样，虽是汉中山靖王刘胜之后，但到他时却成了一个只能以编织草鞋为生的破落的农家子弟。不过，公孙鞅虽然身为一个破落户的子弟，但他到底比刘备多读了很多的书，知识比较渊博。早年他偏好法家的学说，从中汲取许多的养分，这为他成年后的发达奠定了基础。

公孙鞅生活在一个动荡战乱的时代。

当时，经过春秋大规模的兼并战争，到战国初年，主要的诸侯国已经只剩下齐、楚、燕、韩、赵、魏、秦七个对峙的大国了。

经过反复对比和权衡，最初，年轻而又希望有所作为的公孙鞅将目标锁定在了魏国。

这是因为，魏国是战国初年政治比较先进，经济、文化比较发达的一个有希望统一天下的强国。

魏文侯时，曾经任用李悝、吴起等一批能人贤士进行变法，富国强兵。而李悝、吴起正是公孙鞅仰慕、效法的改革派人物。

李悝是战国初年著名的改革家，曾在魏国任相，在他任内，魏国富国强兵，称雄诸侯各国。

据《魏书·刑法志》记载："商君以《法经》六篇入秦。"《晋书·刑法志》中也说："李悝撰次诸国法，著《法经》六篇，公孙鞅受之以入秦。"由此可见，李悝的《法经》对公孙鞅以后在秦国的改革与施政产生了多么大的影响。

吴起则是公孙鞅的同乡。早年弃卫前往鲁国，因为仕途不顺后又离鲁奔魏，"魏文侯以为将，击秦，拔五城"。"文侯以吴起善用兵，廉平，尽能得士心，乃以为西河守，以拒秦、韩。"①

---

① 《史记·孙子吴起列传》。

英雄的召唤，刺激着公孙鞅。贵族后裔身份的高贵、家道败落后生活的窘迫，都使得公孙鞅产生了强烈的功名心理。他热衷于法家的学说，对李悝、吴起等人的改革成就十分向往。当时卫国又是魏国的属国，因此，在魏惠王即位不久，公孙鞅为了寻求出路，谋求发展，便离开了自己的故乡卫国，顺理成章地踏着吴起等人的足迹，来到了魏国当时的都城——安邑。

这时，虽然李悝早已去世，吴起也因受到魏武侯的亲信大臣的诽谤与排挤，已经逃亡楚国，但是，李悝、吴起的变法措施还在继续推行，魏国仍然相当强大。公孙鞅多么想用自己的热血去浇灌这块土地，踏着他心中顶礼膜拜的李悝、吴起等先人的足迹，用智慧让魏国继续强大，也让自己功成名就。

但是，在当时十分看重身份与地位的魏国，公孙鞅一时间竟找不到接近魏惠王的机会，在反复权衡后，他投到当时正受到魏惠王信任与重用的魏相公叔痤的门下。我们不知道公孙鞅是通过什么途径认识公叔痤的，各种史书上也没有明确的记载，但是，凭猜想，我们也会明白，这不是一件容易做到的事情。要知道，公叔痤当时可是一个中原大国的堂堂宰辅，不是谁想在他身边工作就能在他的身边工作的，可是公孙鞅做到了。从这件事上，无论后人怎样看待公孙鞅，起码，我们应当敬佩他的公关才能。一叶落而知秋，公孙鞅不是一个简单的人物。

公孙鞅投到公叔痤的门下后，做了名"中庶子"。中庶子是公叔痤家中的执事人员，也就是个家臣，官并不大。但是，在公叔痤身边的生活与阅历，却使公孙鞅有机会系统地研究李悝、吴起的学说与改革的实践，这为他后来在秦国的变法奠定了基础。同时，他在帮助公叔痤办理魏国政事的过程中，进一步扩大了见识，拥有了从政的实践经验。

公孙鞅在公叔痤身边兢兢业业地一干就是四年有余。在这四年多的时间中，他十足地表现出了自己独特的政治见解和卓越的才干。以致丞相公叔痤认为，公孙鞅将是继他之后唯一可以支撑魏国的栋梁。公叔痤在找机会准备将公孙鞅推荐给魏惠王。

但是，天有不测风云。公叔痤还没有来得及推荐公孙鞅，他自己就重病缠身、卧床不起了。

有一天，魏惠王亲自去探望重病中的公叔痤，问道："万一先生有个三长两短，我的国家可怎么办呢？"公叔痤乘间回答说："我有个家臣，叫公孙鞅，虽然年轻，但是有非凡的才能。希望大王能把国家托付给他，听凭他去治理。"

魏惠王虽然心比天高，然而却眼拙不会识人，而且，还有一点刚愎自用。他在公叔痤临终前拒绝了这位老人最后一次认真恳切的建议。

公叔痤见魏惠王不肯重用公孙鞅，在魏惠王临别时，支开了身边的仆人，小声叮嘱魏惠王道："大王如果不肯重用公孙鞅，就一定要把他杀掉，千万不能让他离开魏国为别国所用。"然而，魏惠王却心不在焉。

魏惠王一走，公叔痤又于心不忍，马上派人将公孙鞅找来，对他说道："刚才魏王问我，谁可以接替我做魏相。我推荐了你。不过看他的表情，并没有应允。我本着先君后臣的原则，对魏王说，如果不重用你，就把你杀掉，以免将来为敌国所用。魏王已经答应了，你还是快点逃走吧，如果耽误的话，你就会被他们捉住杀掉。"

公孙鞅听了，倒很冷静，思忖了片刻，不慌不忙地对公叔痤说："您让魏王重用我，他不听；那么您让他杀掉我，他怎么会听呢？"他倒劝公叔痤不要烦忧，好好养病。

事情果如公孙鞅预料的那样，魏惠王见公孙鞅年纪轻、资历浅，又没有什么名望，根本看不起他。魏惠王回去以后，满不在乎地对左右说："公叔痤病得太厉害了，他竟叫我把国家大事交给他的家臣公孙鞅，真够荒唐的。"

实际上，真正荒唐的，不是公叔痤，倒是这个自以为聪明的魏惠王。

公孙鞅是公叔痤的家臣，自然在了解公孙鞅方面，公叔痤拥有足够的权威。公叔痤能够长期做上魏国的相国，本身就说明他有着独特的能力。他长期协政魏国，广泛招揽宾客，在发现与重用人才上，自然有着独到的眼光。他临终前以国事为重，郑重地把公孙鞅推荐给魏惠王，却不料魏惠王不以此为喜，反把这件严肃的事当成了笑话,讲给左右大臣听。事后既不重用也不杀掉公孙鞅,这真真是魏国的悲哀,也足以表明魏惠王的平庸。

天耶？命耶？人事耶？

公叔痤去世后,公孙鞅成了一个无处可归的人,他感到魏国异乎寻常的寂静和寒冷。但是,他不甘心,仍然抱着希望,赖在魏国,希望通过别的做官友人如公子卬等人的推荐,魏惠王能够改变主意最终重用自己。但是,他的愿望又一次落空。

这样,他不得不另谋生路。

恰在这时,从秦国传来消息,秦国新任国君秦孝公很有远图,已经颁布了招贤令,要仿效关东各国,变法图强。

于是,对魏国死了心的公孙鞅立即收拾行装,带着李悝的《法经》,带着他多年来收集起来的与山东六国有关的政治、经济及军事相关的资料及文献,告别了安邑的故友,跋山涉水、日夜兼程地向秦国奔去。

本该能够使魏国进一步强大的一位旷世奇才,就这样不经意间被魏惠王推向了对手秦国。

从此,魏、秦两国开始换势。

一个新时代就要开始了。

二、大变革前的风雨

公孙鞅投奔的地点是当时的秦都栎阳，他要投奔的主人是正在极力寻求贤才、欲有所作为的秦孝公。

人间正道是沧桑。

秦国自厉公以来，内部危机迭出，发展的步伐大大减弱下来，与正在轰轰烈烈变法改革的中原各主要国家相比，秦国则因宗室贵族的力量强大、君位继承权争斗不已等问题，而逐渐失去了先辈秦穆公那样的雄风，退离了当时的"国际政治"大舞台。在那样一个物竞天择、适者生存、征战激烈的年代里，落后本身就意味着挨打甚至灭亡。

自秦躁公即位以后，秦国的宗室贵族操纵了国家的政权，少数庶长甚至可以任意决定国君的废立，争夺君位的斗争也时有发生，造成了国君更替不迭、君臣乖乱的局面。

秦怀公在位不到4年就被庶长鼍逼死，于是，秦国大臣又立了秦灵公。

秦灵公死后，灵公的叔父又发动宫廷政变，废太子公子连，篡夺了王位，这就是秦简公。公子连被迫在国外流亡了21年。

在秦简公统治时期，秦国经常受到魏国的进攻。结果是丢城失地，放弃河西。因此，史称"秦以往者数易君，君臣乖乱，故晋复强，夺秦河西地"①。政治腐败、经济落后的秦国，已经无法同变法后的魏国相匹敌。面对着这种"国内多忧、未遑外事"的局面，秦国的统治者迫于形势，也开始了社会变革。

公元前408年，秦简公宣布实行"初租禾"，国家根据土地面积向田主征收租税。尽管这个变革比鲁国实行的"初税亩"晚了近300年，但是，它毕竟标志着土地私有制的合法确立，为秦国生产力的发展奠定了初步的基础。

秦简公在位16年卒，其子惠公立，惠公励精图治，收回了南郑等领土。

秦惠公在位13年卒，国内权臣再度发动政变，并纠合诸侯的力量攻陷都城，太子及其母后均遇害。早年被废的公子连被拥立，是为秦献公，秦国此时的内乱已经达到了高峰。

公元前385年，秦献公正式即位。为了改变秦国长期内忧外患、贫弱落后的局面，秦献公决心仿效中原各国，发愤图强，积极进行社会变革。

公元前384年，秦献公宣布了"止从死"，废除了在秦国实行了300多年的杀人殉葬的旧制度。

公元前383年，秦献公建都栎阳（今陕西临潼东北），把政治中心进一步东移，从战略上进一步把秦国的东进事业向前又推进

---

① 《史记·秦本纪》。

了一大步。

公元前379年，秦献公在蒲、蓝田、善名氏等地设县。县是直属于国君的地方行政组织，县令也由国君直接任免。县的增设，有利于实行中央集权，这对于加强王权与巩固国防，都起到了十分重要的作用。

公元前375年，秦献公初步制定了户籍制度，把全国人口编入国家户籍，五家编为一伍，称为"户籍相伍"。户籍制度的实行不仅确认了以一家一户为基础的个体封建经济的合法性，破坏了旧有的宗法关系，保证并增加了国家的财政收入，而且大大加强了国君的权力。国君从此不仅直接掌握了全国的劳动人手，而且掌握了征发兵员、组织军队的权力。这样就打击与削弱了宗室贵族的利益，限制了他们的私人武装。

秦献公时期，由于实行了上述改革，秦国宗室贵族和少数庶长操纵国家政权的局面基本结束，秦国也开始逐渐地由弱变强，这为接下来秦孝公任用公孙鞅变法打下了良好的基础。

公元前361年，秦孝公即位，时年21岁。

21岁的秦孝公正充满着青春与理想、热血与激情。

但是，摆在他面前的形势却明显地不让人乐观。

一方面，秦献公在临终时留下了遗言：没有收复河西之地是为父的耻辱。他要继任者子继父业，实现强秦的大业。

另一方面，秦国已经在一个相当长的时期内，在内外交困的谷底痛苦地挣扎着。

司马迁在《史记·秦本纪》中描写道：

> 孝公元年，河山以东强国六，与齐威、楚宣、魏惠、韩哀、赵成侯并。淮、泗之间小国十余。楚、魏与秦接界。魏筑长城，自郑滨洛以北，有上郡。楚自汉中，南有巴、黔中。周室微，诸侯力政，争相并，秦僻在雍州，不与中国诸侯之会盟，夷翟遇之。

这就是说，秦孝公即位初期，他所面临的"国际政治"大舞台已经是一个全新的局面。东迁后的周王室，经过数百年的苟延残喘，已经形同虚设。黄河及太行山脉以东、长江流域，六国争雄的政治局面业已形成。夹杂在其间的，还有淮水及泗水中的十余个不足道的小国。秦国南有楚国，东有魏国，又受到中原各国的轻视，在大国竞争中处于十分不利的地位。

正是在这样的情况下，年轻气盛的秦孝公在秦民族复兴的呐喊声中，登上了秦国的政治舞台。

刚成为秦国国君的秦孝公，其心情与其说是兴奋，倒不如说是激愤。

秦孝公回顾了先祖秦穆公的历史功绩，总结了秦国强弱兴衰的经验教训，肯定了先父秦献公勇于变革、收复失地的雄心壮志，汲取了献公改革过程中暴露出来的经验与教训。

秦孝公认为，战国以来，秦国内忧外患，各诸侯国瞧不起秦国，这是莫大的耻辱。他说，每当他想到秦献公的遗志还没有实现时，便非常地痛心。为了继承父亲的未竟之业，秦孝公一即位就马上颁布了招贤令，号召群臣宾客献计献策，只要能使秦国富强，便封赏他高官，封给他土地。

招贤令中说：

> 昔我穆公，自岐、雍之间，修德行武，东平晋乱，以河为界，西霸戎翟，广地千里，天子致伯，诸侯毕贺，为后世开业，甚光美。会往者厉、躁、简公、出子之不宁，国家内忧，未遑外事，三晋攻夺我先君河西地，诸侯卑秦，丑莫大焉。献公继位，镇抚边境，徙治栎阳，且欲东伐，复穆公之故地，修穆公之政令。寡人思念先君之意，常痛于心。宾客群臣有能出奇计强秦者，吾且尊官，与之分土。①

从这个招贤令中我们可以看出，秦孝公最为关心的还是王权的重建，"东伐，复穆公之故地"等等。他认为朝纲不振是秦国国势衰退，被各国轻视的主要原因。为此，秦孝公要以秦穆公为榜样，进一步强化王室的权威，变法革新，决心为秦国开创一个新的辉煌时代。

---

① 《史记·秦本纪》。

于发布招贤令前后，秦孝公已经开始了他的实际行动。

首先，秦孝公在国内"布惠，振孤寡，招战士，明功赏"。接着，出兵东围陕城，西斩戎之王。

正是在秦孝公这种急于富国强兵政策与行动的感召下，秦孝公三年，公孙鞅来到了秦国。从此，他的命运与秦国复兴的命运高度结合，他的改革揭开了战国时代国家新格局的帷幕。

公孙鞅来到秦国都城栎阳时，并没有立刻直接去求见秦孝公，而是投到秦孝公宠臣景监的门下，做了一名食客。

公孙鞅这样做是有道理的：

一是公孙鞅对秦孝公还一点也不了解，凭公孙鞅之聪明才智，他一定不会在一件事毫无把握的时刻，就去贸然做之。他需要先进一步了解他要投奔与依靠的主人的真实心态、性情及其他方方面面的事情。

二是尽管当时秦孝公求贤若渴，但依据当时的实际情况，找一个国君信任的人推荐，或许更合情合理与更加稳妥一些。

三是公孙鞅虽然建功心切，但他在魏国怀才不遇的挫折经历，也不能不在他的心头留有一丝阴影，他需要把自己即将拿出的方案与计划考虑得更加审慎与合理一些，他明白这次努力只能成功，不能失败。

四是景监是位名字叫作景的太监，他性情爽朗而好客，当时正深得秦孝公的信任，朝夕伴在秦孝公的身边。先投在景监的门下，取得景监的信任与赏识，并通过景监全面深入地摸透秦孝公的脾气与心性。待时机成熟后，再由景监安排推荐给秦孝公，这样就会更加稳妥些，成功的概率也会更大一点。

　　后来的事实表明，公孙鞅的这一思路是正确的。正是在景监不辞怨劳的再三举荐下，秦孝公才耐住性子先后数次召见公孙鞅，从而给公孙鞅向秦孝公彻底阐明自己的主张，提供了最为稳健的条件。而这一切，在魏国时，公孙鞅就无法通过公叔痤与魏惠王来达到。

　　公孙鞅是如何取得景监的信任与赏识，从而使景监愿做伯乐，在秦孝公三番五次责骂下仍然对推荐公孙鞅坚定不移呢？到目前为止，还没有找到更详细的历史记载。但可以肯定，公孙鞅是用他的雄才大略与办事的能力征服了景监，从而使他愿意全心全意、尽心尽力、耐心地向秦孝公反复举荐自己。由此推断，景监也绝不是一个简单的人物。从他获得一代雄主秦孝公推心置腹的信任、从他对公孙鞅的态度与行为来看，都应该认定他是一位聪明、豁达、善于体贴人意并且胸有大志的人物。否则的话，作为一个衣食无忧、得到君王宠信的太监，根本没有必要招揽笼罗宾客与天下的英雄，也不敢三番五次去冒险推荐公孙鞅。这样看来，在秦国的帝业构建历史上，在公孙鞅变法这一决定秦国甚而决定与影响了后来华夏历史的重大事件上，景监都不是一个可有可无的人物。是他促成了急欲有所作为的秦孝公与公孙鞅二人的千古遇合，成就了战国史上的一次重大的制度创新，也因此奠定了秦国政治的规模与发展的走向，甚至影响了中国后来的历史进程。正是从这个意义上说，景监能被正史列载，千古传颂而不朽不是没有道理的。

经过充分的准备与计划，在景监的引荐下，公孙鞅终于见到了秦孝公。

据司马迁在《史记》中记载，公孙鞅与秦孝公的初步磨合，总共经过了四次面试的过程。

第一次，公孙鞅大讲"帝道"，用传说中的三皇五帝的治理之道来游说秦孝公。这是属于道家学派的一种政治学说，公孙鞅讲得津津有味，秦孝公却听得昏昏欲睡，似听非听。伏羲、神农、唐尧虞舜时的理想世道虽好，怎奈都是一些传说与过时的东西。这种方案作为一种美好的理想，去吸引人们的向往未尝不可，但对于眼下秦国积贫积弱、一直遭到魏国侵略的现状来说，与秦孝公的人生目标差得实在太远了。显然，新即位的国君听不进这些空洞的东西。但是，思贤若渴的秦孝公还是耐着性子让公孙鞅讲完了他的帝道高论。事后，秦孝公大怒，责备景监："你介绍的这位客人，狂妄得很，哪能重用呢？"

景监回府后也责备公孙鞅，但公孙鞅似乎成竹在胸，他告诉景监："我这次进说的是帝道方案，国君志向不在这里。您再劳驾给予引见，最后必然能够成功。"好在景监已经认识到了公孙鞅的才能，答应继续为他引荐。

五天后，秦孝公第二次面试公孙鞅。这一次，公孙鞅带去的是"王道"的方案。他希望用大禹、商汤、周文王、周武王夏商周三代的事业去打动秦孝公。公孙鞅谈得比上一次还起劲，但仍然没有合乎秦孝公的意愿。三王事业对秦孝公来说，不过是天边一片绚烂的云霞，虽然美丽但显然只能是画饼充饥。事后，推荐公孙鞅的景监又挨了秦孝公的一通臭骂。景监回府后又去埋怨公孙鞅。公孙鞅不急不慢，等待景监消了气后说道："这一次，我给国君讲了三王的道理，可他还是听不进去，不过，我现在已经知道了国君想要做的事业，还请您设法让他再召见我一次，这次保准不再让您失望。"

这样，又过了五天，在景监的不懈努力下，秦孝公第三次召见了公孙鞅。

这一次，公孙鞅给秦孝公带去的是"霸道"的方案。他认真、详细地为秦孝公说明了这一方案的可行性及可能带来的光明的前景。他用春秋五霸（齐桓公、宋襄公、晋文公、秦穆公、楚庄王）的事业来劝说秦孝公这位年轻的君王，显然起到了效果。秦孝公不但听了进去，而且显示出了很感兴趣的样子，但并没有表示出要采纳的意思。公孙鞅见目的已经达到，便适可而止，及时告辞出来。

公孙鞅走后，秦孝公对景监说："你这位客人不错，应该跟他好好谈谈。"他让景监第二天再把公孙鞅带来。

但是,公孙鞅却坚持五天后再去见秦孝公,这自有他自己的理由:

1. 三次召见与面试,公孙鞅把他已经准备好的三套方案献了出去。虽然秦孝公表现出了对公孙鞅第三套方案的兴趣,但对于公孙鞅来说,尚须花费时间进一步深入、量化、系统完善第三套方案。

2. 在三次面试过程中,公孙鞅充分展示了他丰富博学的知识,其才能与多种治国方案已经表现给了秦孝公。公孙鞅与秦孝公在三次面谈中已经逐渐找到了双方的契合点,得到重用只不过是迟早的事情,俗话说心急吃不了热豆腐,因此,公孙鞅倒显得不那么急切了。

3. 秦孝公虽然表现出了对公孙鞅"霸道"方案的兴趣,但接受与消化显然还需要时间。

4. 能给公孙鞅三次面试的机会,让他充分展现出自己的才能与想法,说明秦孝公是一个求才若渴且极富耐心的人物。一个刚刚过20岁的年轻君主有如此的定力,公孙鞅认为这是千年求不来的珍贵品质。因此,在公孙鞅看来,迟延四天后二人再谈,不会引起秦孝公的愤怒与不满。

5. 也许在公孙鞅看来,既然自己的才能已经显露,不急于求见,很可能是一种以退为进的更好的策略与技巧。这样也许能表明自己并不是热衷做官而是想在秦国帮国君做成大事的更高境界的人物。

对于秦孝公十分了解的景监,经过反复的思考,同意了公孙鞅的意见。

剩下来的五天,秦孝公与公孙鞅恐怕是这个地球上最为忙碌的君臣了。一个心情迫切,在急于等待见面;一个是在三次试探的基础上正在准备更加妥帖的说案。这五天,对于君臣二人来说,一个感到日子过得太慢,一个觉得时间消逝得太快。

转眼到了第六日的清晨,秦孝公派人用专车来接公孙鞅。君臣二人见面后,秦孝公赐座,请教其意甚切。于是,公孙鞅将他充分准备的秦国政治应当更张的事情一件一件讲给秦孝公听。君臣二人彼此问答,相见恨晚。两人越谈越投机,秦孝公甚至忘记了君臣的礼节,不知不觉地凑近了公孙鞅。一连三日三夜,二人都还没有谈够,好像是久别重逢的朋友,总有说不完的话。

后来,景监问公孙鞅:"你用什么打动了我的君主?我君主的高兴,那是到了极点。"

公孙鞅回答:"我用成就帝王事业的道理劝说他,劝他同夏、商、周三代相比,而他说:'太久远了,我不能等,而且贤明的君主都希望各自在世的时候就扬名天下,哪能郁郁不欢地等待几十年、几百年后才成就帝王之业呢?'所以我用使国家强盛的方法劝说他,他就大大地喜欢了。不过,用这种方案治国,很难达到殷代、周代统一天下那样的大功德了。"

事实证明，秦孝公与公孙鞅二人的君臣遇合注定是一个足以彪炳史册、传之万世的重大事件。秦孝公具有的胸襟阔大、志向高远、极富耐心、勇于做事的领袖素质，使他能够像先祖秦穆公一样，做出一件顶天立地的大事来。公孙鞅具有的善于规划、长于管理、意志坚定、手段强硬、决策与执行二者兼备的素质，也足以让他帮助秦孝公去完成复兴秦国的宏大的志愿。

然而，世有伯乐，然后有千里马。千里马常有而伯乐不常有。秦孝公与公孙鞅二人的遇合事实表明，秦孝公可谓是公孙鞅的慧眼识人才的伯乐，公孙鞅也无愧于秦孝公选中与赏识的一匹真正的千里驹。没有秦孝公的富强愿望与变法决心，就不会有后来载入正册、名传后世的公孙鞅变法。魏国的魏惠王也有称霸的愿望，也在招贤纳士，但由于他的胸襟与眼光的限制，只能接受像公叔痤、庞涓这样的二流人才，真正一流人才如公孙鞅、孙膑等人都先后被他当做草芥，从眼皮底下白白地丢弃了出去。一句话，没有秦孝公，就不会有公孙鞅的变法与成功，这是一个不可更改的因果关系。今天，我们在追念商鞅这个大政治家的彪炳青史的业绩时，千万不要忘记了发现并给他这个千载难逢的政治大舞台的秦孝公。

山雨欲来风满楼。

虽然公孙鞅揣摩出了秦孝公想要达到的理想层面，秦孝公也知道了公孙鞅在强国之术上所能达到的高度,然而,公孙鞅毕竟是外来的宾客,对秦国而言,他拿出的那一套政改理论和方案毕竟都是陌生的,是否能够真正适合秦国的国情,是否能够真正达到二人希望的富国强兵的效果,秦孝公的心中并没有定数,秦国上下更是心中无数。

实际上,秦孝公产生这个顾虑完全是正常的,放在谁的身上也都会这么去思考问题。

秦国与山东各国的情况几乎完全不同,起家的资本也不一样,人的思维、办事方式和习俗文化均与中原各国有着很大的差异。

公孙鞅的"霸道"方案,对于年轻的秦孝公而言是一个既感到新奇又心中确实没有把握的东西。秦孝公一时下不了决心,这才符合当时的客观实际情况。

虽然,当时秦国受华夏文化濡染固然不深,保守势力固然不是十分强大。然而,触及到"变易祖宗家法",要将秦国政治体制来一次伤筋动骨的手术时,必然会触及与伤害到方方面面的利益,反对者必定有之,存心阻扰者更会有之,并且,这股反对力量与势力一定十分强大,千万不可小视,弄不好还会引起政局的大动荡,甚至会影响到王室的安危。

秦孝公既想用公孙鞅变法,又"恐天下议己",造成对自己统治局面的不利。这种尴尬两难的局面,正是当时秦国实际情况的生动写照。

为了让自己想得更清楚一点、顾虑更加减少一点，也为了让秦国政权上层人物对这次变法有个心理上的准备，从而减少一点反对声音，经过反复思虑，秦孝公安排了一场"御前大辩论"，让赞成与反对的双方各自摆出自己的理由，既"互通声气"，也希望能够达到说服对方的目的。

经过摸底测验，秦孝公选中了甘龙、杜挚等人作为反对派的一方来与公孙鞅当堂辩论，商讨是否在秦国实行变法。

《商君书·更法》详细记载了这场大辩论：

秦孝公说："我既然是国君，就应该以国家为重，这是做国君的本分。现在我很想变法图强，改变统治方法，但是又担心天下人议论我，而最终达不到目的。"

针对秦孝公的发问与顾虑，公孙鞅首先发言回答道："行动犹豫不决，就不会有所成就；办事疑神疑鬼，就难以取得成功。您应当下足变法的决心，而不要去顾虑天下人的议论。况且有非凡作为的人，本来就容易受到世俗的非难；有独到见解的人，往往会被人诋毁。俗话说，愚笨的人，对已经做过的事情还不明白为什么那样做；聪明的人，在事前就知道怎样才能把事情办好。在新事业开始时不能同一般人去商讨创新的大事，只能让他们去坐享其成。因此，'论至德者不和于俗，成大功者不谋于众。'只要能使国家富强，就不必沿袭旧制度；只要有利于民，就不必遵守老规矩。"

在这里，公孙鞅批评了秦孝公既想变法图强又举棋不定的矛盾心理。他热情地鼓励秦孝公当机立断，不要顾虑太多。同时，公孙鞅也提出了一个重要的见解，这就是：治理国家要从实际出发，只要能强国利民，就不必因循守旧。

公孙鞅的观点，得到了秦孝公的积极支持，曰："善。"但是，公孙鞅一系列明确的观点，引起了甘龙、杜挚等秦国守旧势力的强烈不满。

甘龙首先跳出来反对变法。

他否定公孙鞅的变法论点，引经据典地进行辩驳："圣人只能在不改变民众习惯的前提下，去进行统治；智者只能在不变更现有制度的情况下，来治理国家。他们因循百姓的习惯去进行教化，不用费力就可以成功；沿袭旧法度而治理国家的，官吏们熟悉而人民也安心。现在如果变法，不按秦国的传统办事，天下人肯定要议论国君，这股力量不能轻视，还是希望国君郑重考虑一下吧！"

对此，公孙鞅针锋相对。

他认为：甘龙之论是"世俗之言"。平常人安于老习惯，学究们迷恋自己听熟的老一套，让这两种人挂个官名、守守旧法度是可以的，但不能同他们讨论打破常规的事情。夏、商、周三代礼制各不一样，却都成就了霸业。智者勇于创立新法，笨家伙只能受到旧法的制约；贤者敢于变更礼制，不肖之徒只好受到旧制的约束。受旧礼约束顽固的人，是不值得同他们商量大事的；受旧法制约的人，是不需同他们讨论变革的。国君您再不要受他们困惑了。

杜挚实在忍受不住了，他站起来大声说道："我听说，没有百倍的好处，不可以变法，没有十倍的功效，不能够改换祖先的器物。我还听说过：遵循古法不会有过错，依照旧礼不会出现偏差。请国君三思。"

公孙鞅立刻反击道："前代的礼教各不相同，你究竟效法哪一个朝代呢？各代帝王的礼制并不一样，你究竟遵循哪一个帝王的旧礼呢？"

公孙鞅认为，历来帝王都是适应各自时代的需要来创立法度、根据实际情况来制作礼教的。"礼"与"法"，总是因时、因地、因环境变化而变化的，时代变化了，社会发展了，"礼"与"法"也必然随着发生变化，从来没有一成不变的东西。

据此，公孙鞅提出了自己变法的理论根据："治世不一道，便国不法古。"意思很明显，治理国家没有一成不变的办法，只要有利于国家，就不应该一味地效法古代。

公孙鞅还认为，商汤、周武王并没有恪守古制，商、周却能兴旺发达，夺得天下。而由他们一手创建的商、周二朝，最后归于灭亡的原因，正是因为不能因时、因地、因环境的变化而进行变革。因此，他请求秦孝公，不要去听信杜挚的迂腐因循之论。

这场大辩论，主要围绕下面几个命题而展开：

第一，先知及后觉之别。公孙鞅提出了"至德者不和于俗，成大功者不谋于众"的著名命题。

第二，革新与循古之别。公孙鞅根据"三代不同礼而王，五霸不同法而霸"的历史事实，得出了"故智者作法，而愚者制焉"的结论。

第三，法、礼变否之别。在辩论的过程中，公孙鞅主张"当时而立法，因事而制礼"，提出了治国之道要从当时的客观实际出发，具体问题具体分析、具体办理的重要命题。

双方针锋相对，争执不休。

最后，由秦孝公拍板结论："我听说，荒僻小巷的人少见多怪；头脑顽固的学究喜欢无谓的争论。愚蠢的人所高兴的，正是聪明的人感到可怜的；狂妄的人所快乐的，正是贤能的人感到忧虑的。他们所说的都拘泥于社会上那种庸俗的议论，现在我不再犹豫了。"

一场史无前例大变革的国策，就这样决定了下来。

今天看来，举办这场大辩论是十分必要的。大辩论固然费神耗时，但是却解决了许多关键性的问题。

1. 它给保守势力一个良机，让他们公开表白他们的立场与见解。他们在与公孙鞅的交锋过程中，至少表面上也知道了自己存在的问题，引起他们的反思，从而在一定程度上也可能导致一部分保守力量中的明智者改变自己的立场，至少不再明目张胆地阻挠变法。

2. 它给公孙鞅一个良机，给了他展示自己雄辩的口才及渊博学识的一个平台，给了他在反对派攻击下进一步完善自己变法理论与实战的机会。在这场以寡敌众的大论战中，公孙鞅以他雄辩的口才、超俗的见解、无畏的勇气，驳得反对派方面理屈辞穷、哑口无言。通过这次大辩论，公孙鞅以崭新的面貌出现在秦国高层政界，让秦国权要对公孙鞅初步有了一个鲜明的认识与了解。对公孙鞅来说，这次亮相的重要性不言而喻。也许，这正是秦孝公在决心任用他变法前在政坛上先透出的一股强风，好使秦国上下有一个心理上的准备。

3. 它给秦孝公一个良机，使他了解了朝臣不同的政治主张与能力风格，并且解除了他在变法上的种种困惑与顾虑，最终使他下定了变法的决心。要知道，秦孝公虽然想通过改革建立霸业，但他本身并无中原文化的素养，对公孙鞅的变法主张也不是一下子就能够做到全盘接受的。

因此，对于任何一方而言，这场大辩论都是成功的。

应当看到，推行任何一场新政，必然会触及到方方面面的利益，特别是既得利益集团的利益。改革从某种程度上说实际上就是一场权力资源、物质资源、社会身份与地位等等的重新分配，受到守旧势力的反对是必然的事情。因此，秦孝公在发动变法之前，精心设计一场大辩论，向社会各阶层，尤其是保守派人士展开政治宣传，告诉他们国君的想法与举动，使他们从思想上到行动上有一个认识与接受的转变过程，以此来减弱新的变政对秦国政局可能造成的巨大冲击力，这是一个必须做的明智的举动。秦孝公的这一举措，用事实证明了他是一个经验丰富、全局在胸的英明雄主。

通过这场大辩论，秦孝公向社会各阶层发出了一个强烈的信号，告诉他们，一场翻天覆地的改革就要到来，国家领导人将以最坚强的决心及最彻底的措施强力推行。只有认真做好思想准备，认清形势者，才能适应新的环境，否则，政令无情，历史会将其淘汰出局。

不久，秦孝公便任命公孙鞅为左庶长，让他协助自己，主持秦国的变法。谕群臣："今后国政，悉听左庶长施行。有违抗者，与逆旨同！"

这样，战国历史上最为壮观的一场大变革揭开了帷幕。

三、商鞅能令政必行

从公元前359年起，公孙鞅终于找到了他的人生位置，开始了他名传千载的变法实践。这个平台，是秦孝公给他的，从公孙鞅角度来看,也是他自己付出努力得来的。

人们常说,幸运女神只垂青那些有准备的人。公孙鞅的事业起步离不开他多年处心积虑的准备与磨炼。

在这个列国争霸的时代,落后就会挨打。谁放慢了发展自己的步伐,谁就会被欺凌甚至被兼并,落得亡国破家的悲惨下场。

国家是这样,个人也是这样。

各国都在争夺人才,有本事的人也都在积极奔走,希望能找到自己可以依托的"良木",能够找到发挥自己才能的地方,建一番功业,凭本事博得一个"封妻荫子"的美妙结局。

公孙鞅就是这样一个人,在时机来临时,他牢牢地抓住了机遇。在落后的秦国急于要振兴的时机,他把全身本事像赌注一样押在了秦国的富强上面。因为他明白,如果这一次不再努力争取成功,上帝就真的要把他当成弃儿了。

凡是了解公孙鞅性格与处境的人,谁都清楚,故乡卫国太小了,而且四处强邻,朝不保夕,何况,公孙鞅本人在卫国的身份、地位也不高,卫国不可能给他施展才华的平台,他也打心眼里不认可这是能够让自己腾飞的地方。于是,这个有野心、有能力、急想出人头地却缺乏辉煌背景的年轻人,一点也不留恋地离开了他的故土卫国,来到了当时经过魏文侯变法后强盛一时的魏国。

公孙鞅满心地希望,他能在魏国找到一个可以使自己起飞的平台，从而实现他的伟大梦想。

但是，魏惠王的刚愎自用，给了公孙鞅兜头一盆冷水，淋得他浑身透湿。

那时的公孙鞅，不禁感到了绝望，感到了世态的炎凉，而且自然地产生了怨恨报复的情绪。好在天无绝人之路，就在公孙鞅无路可走的时候，秦孝公为了秦国强大而招揽奇才的消息，传进了公孙鞅的耳朵，在对魏国伤心与愤恨之余，他离开了自己已经熟悉的魏都安邑，到一个荒蛮之地去寻求发展。这其中固然有秦孝公物质刺激的因素，但对于公孙鞅来说，何尝不是不得已而为之的一步棋呢？魏惠王要是稍微给他一点发挥才能的空间，让他有个安身立命的地方，我相信，公孙鞅是不会离开他朝思暮想都想使其发达的魏国的，即使是秦国的招贤令价码开得天大。但是，魏惠王看不起他，根本就没有重用他的打算。公孙鞅于是被激怒了，他甚至有点负气，他很可能暗暗地对天发誓：他要凭"自己的实际行动，让秦国迅速发达起来，然后打败甚至灭亡魏国。他要让魏惠王为轻视他而付出代价，悔恨一生"。那一时刻，公孙鞅的心中阴冷阴冷。

现在，公孙鞅已经说服了秦孝公，得到了秦孝公的重用。他的理想的翅膀就要张开了，他能不激动、能不全心全力地投入去证明自己的价值，让世人都知道自己到底是一个什么样的不平凡的人吗？

在变法之前，公孙鞅首先做了一件重要的事，这就是重建民众对政府的信任。

其实，把这件事视为建立民众对左庶长公孙鞅的信任，完成民众对这个还不知道来自何处的、正在受到国君信任与重用的人物形成言出必行的认识，似乎更加贴切。

这个做法就是，他在国都栎阳的南城门外立起一根高有3丈的木杆，派官吏守着，并贴出告示：

左庶长有令：有谁能将此木由南门扛到北门，立刻赏给十金。

按秦汉的货币单位，一金就是一两黄金。哇，把一根木杆从都城南门扛到都城北门，就能得到十两黄金。人们一时困惑了，搬动一根木杆，对他们来说，这不过是一件提都不用提的简单小事。正因为太容易了，人们反而都不敢相信自己的眼睛，不敢相信自己的耳朵。因为，这也太不合常情、太不合常理了。

民众对一件看似不起眼事情的第一反应往往就是如此。

但是，南城门口贴的告示上又写得明明白白、清清楚楚。把守木杆的官兵也对前来围观的民众说得清清楚楚、明明白白。

徙木赏金，人们既想赶快搬走木杆得赏金，又怕这是骗局，让别人笑他是幼稚虫、精神病。他们不知道公孙鞅的葫芦里到底卖的是什么药。于是，人愈聚愈多，观者如潮，议论纷纷，疑惧兼有，但就是没有一个人敢去移走这根木杆。

这种状况，正好符合了公孙鞅的心意。公孙鞅的本意就是要将民众不相信的这件小事闹大，造成一个前所未有的轰动效应，就是要让民众揣摸不透他的心事而最终只能凭其摆布、听其命令。

于是，公孙鞅又让人在原告示旁边贴上了一张新的告示，明确宣布，谁能响应政府号召，将这根木杆搬到北门的，把赏金提升到五十金。

一时，人们更加轰动、更加困惑不解了。

50两黄金呀！政府该不会是犯病了吧！

各种想法、各种议论，一时间充满栎阳城的大街小巷。

最后，有一个从大老远的乡间来都城赶集的农家汉子，从人群中挤了出来。他对把守木杆的官兵说，"我来扛木头，得不到赏金，总不至于遭到治罪吧"。于是，人群中又轰动起来。人们像欢送一个重要人物一样，看着汉子、跟着汉子，从南门来到了北门。

其实，当时的栎阳虽为秦国都城，但两门之间相距并不甚远。这个汉子将木杆放到指定的地点之后，公孙鞅马上走了出来。他大声地表扬这个汉子道："你是一个好百姓，能够听从我的命令。"同时，他命人拿出50两黄金，当场送到了这个正在用他的破旧衣衫擦着脸上汗水的农家汉子手中。

围观的人们傻眼了、后悔了。这些可供一家人生活一辈子都不一定用得尽的黄金，就这样被一个农家汉子拿走了。

有的人叹息，有的人追悔，有的人羡慕。但不管怎样说，人们从此认准了一个死理，左庶长公孙鞅言必行、行必果，说话办事不打折扣。听他的话，没有错，怀疑或违背他的命令，就要倒霉与后悔。

徙木赏金之事像长了翅膀一样很快传遍了整个秦国。其超常的效果，正是公孙鞅想要达到的。他就是要通过一个象征性的举动作让人们记住他的铁腕，记住他所掌握的权力。他就是要通过一次震撼民心的举动来达到取信于民的目的。因为，公孙鞅认为，取信于民，是实行变法的基础，决定着变法的顺利与成败。

现在的栎阳城，依然静静地坐落在渭河的北岸，经过岁月的侵蚀，古都的一切早就已经化成了尘埃。站在这里，回想着历史上它曾经有过的辉煌岁月，想象着这里曾经是美女如云、珍宝如山、繁花似锦的地方，不禁令人产生物是人非、恍如隔世的感觉。然而，这里虽然昔日繁华不再，徙木赏金的故事却还在流传。栎阳，因为这个故事，人们永远地记住了它，人们因为公孙鞅的政治智慧将永远地凭吊它。写到这里，我终于透出了一口气，浑身觉得舒服了许多，真想大喊一声：栎阳城，你值了！

在接下来的岁月里，凭借着秦孝公的全力支持，公孙鞅在秦国大地上掀起了一股变革的大旋风。从经济基础到上层建筑、从人的行为规范到人的观念改变，来了一个伤筋动骨的大变动。

关于公孙鞅变法的内容，多年来，各种学术书籍中都有涉及,多如牛毛,人们也都知其一二,我不想在这里多加置喙。

我只想就几个根本性的问题在这里与读者诸君共同探讨一下,看看是不是这个道理。

(一)奖励耕织、重农抑商

公孙鞅治国思想的核心就是"农战",其中"农"处在基础的地位。

新法规定,凡粮食和布帛生产得多的人可以免除劳役和赋税。从事商业、手工业和因游手好闲而贫穷的,将其个人连同妻子、儿女一起没入官府为奴。用司马迁的原话就是"僇力本业,耕织致粟帛多者复其身。事末利及怠而贫者,举以为收孥"。(《史记·商君列传》)国家不许商人买卖粮食、不许开设旅店,通过"贵酒肉之价,重其租,令十倍其朴"、"重关市之税,则农恶商"(《商君书·垦令》)等措施,加强对工商业者的限制,加重他们的徭役和赋税,促使他们尽可能多地破产,从而扩大农业劳动者的队伍。

由于秦国地广人稀,荒地很多,公孙鞅便把奖励开垦荒地作为发展农业生产的重点。他甚至建议秦孝公,采取奖励措施,从秦国以外的三晋地区招徕移民,给予支持,使其为秦国开垦与农耕出力,以便让更多的秦国本土居民腾出手来成为军人为国家开疆拓土。

公孙鞅的这个改革，奠定了中国几千年传统的重农抑商、重本轻末治国思想的基础。这一思想，被以后历代封建统治者所继承，长期以来，使中国的经济模式成为单纯的农业经济，使中国的社会成为了一个农业社会。这一思想与举措，对于两千年来中国大一统集权制封建国家的发展与稳定，客观地说，还是功不可没的。

（二）奖励军功，按军功授爵

在重视农本、富利国家的情况下，公孙鞅推出了强兵的政策。其目的不外乎是为了实现秦孝公收回河西之地的目标，并进而东进中原，开疆拓土。

与奖励军功联系最密的是爵位制。在公孙鞅变法之前，秦国也有官爵，如上造、大夫、庶长等等，但不细密。

功名是一项巨大的荣誉，它的背后存在着巨大的利益，足以吸引人们的眼球、驱动人们的心灵与支配人们的行动。

公孙鞅深谙人们的这种心理，在变法的过程中，对秦的爵制进行了系统的整理，明确规定出了20个等级：1. 公士；2. 上造；3. 簪袅；4. 不更；5. 大夫；6. 官大夫；7. 公大夫；8. 公乘；9. 五大夫；10. 左庶长；11. 右庶长；12. 左更；13. 中更；14. 右更；15. 少上造；16. 大上造；17. 驷车庶长；18. 大庶长；19. 关内侯；20. 彻侯。

与官爵配套的，便是规定相应的特权与待遇：

1. 凡在战争中能杀得敌人甲士一人并取得其首级者，赐爵一级，赐田一顷，宅九亩。

2. 凡在战争中杀得敌人甲首一人，并取得其首级者，可得百石之官。

3. 凡在战争中斩得敌一甲首者，还可役使一人（或一家）为自己的农奴，"除庶子一人"，得五个甲首的即可"隶五家"。

公孙鞅同时规定：无军功者虽是宗室贵族，也不得超越规定的标准多占田宅、臣妾。"宗室非有军功论，不得为属籍。明尊卑爵秩等级，各以差次名田宅，臣妾。衣服以家次。有功者显荣，无功者虽富无所芬华。"①

公孙鞅还明确规定，严厉禁止私斗，违犯者"各以轻重被刑大小"。

以军功大小为标准来重新确定人们在社会中的政治、经济地位，取消过去以血缘亲疏及世袭制确定功名利益及官爵贵贱的方法，是注定要遭到既得利益者的强烈反对的。

这是因为，既得利益者不是一般的普通百姓，他们或为宗室贵戚，或为达官贵人，他们本身手中就握有一定的权力，拥有很大的社会影响力。推翻旧的规则重新建立一套新的规则，这是秦

---

① 《史记·商君列传》。

国政坛上的一次巨大地震。公孙鞅在此时就已经深深地得罪了秦国的权贵。只不过,他们惧怕秦孝公的惩罚,敢怒不敢言,把心中的怨气与报复情绪压在心底罢了。

另一方面,我们也应当看到,废除世袭爵位,改为以军功大小为标准来确定政治上的尊卑、高低等级,确实调动了秦国下层有志气、有本事但苦于无门第、无门路而不能升迁并取得荣华富贵的民众的积极性。

以军功大小授爵,鼓励人们为国家奋勇作战,就是为自己及家庭的美好幸福而战,将国家利益与民众的私人利益有机地高度合二为一,这是公孙鞅运用自己政治智慧的又一项令人赞绝的发明。这一政策,不但把秦人的尚武精神推向了一个极致,而且更重要的是,公孙鞅以此为手段巧妙地将这种精神转化成了为国家拼死效力的物质力量。

(三) 实行连坐,轻罪重罚

在公孙鞅的眼中,严刑峻法是保障他实行富国强兵道路上的卫兵。他本人就亲口说过:"刑生力,力生强。"这里的刑,我们可否将其理解为法律政令呢?可以。因为通过刑治确保变法的顺利实施与社会的治安与稳定,是公孙鞅法治思想的一项十分重要的内容。

在变法过程中,公孙鞅把全国居民编入户籍。五家为一伍,二伍为一什，互相监督，一家犯法，其他九家同法治罪，发现有人犯罪要及时报告，"不告奸者腰斩，告奸者与斩敌首同赏，匿奸者与降敌同罚"①。这种什伍制度，最终成为后代历朝封建国家在乡村实行的保甲制度的滥觞，成为后世封建统治者治理乡村的一个重要的制度来源。

公孙鞅还实行轻罪重罚，主张重其轻者，以刑去刑。"行刑重其轻者。轻者不至，重者不来。是所谓以刑去刑也。"②

在他看来，先人发明断足、黥面、车裂等刑罚，表面上看甚是残暴，但其目的却不是用来伤民，而是为了达到禁奸止过的目的。在重刑面前，老百姓感到恐惧，就不敢轻易地以身试法，做出违法乱纪的事情来了。

在他看来，如果一味地强调量刑公允，以重刑罚重罪，用轻刑罚轻罪，就会让人们去钻法律的空子，容易滋长违法犯罪的心理与行为，不容易达到真正"用刑"的目的。

韩非子说过："公孙鞅之法也重轻罪。重罪者，人之难犯也；而小过者，人之所易去也。使人去其所易，无离其所难，此治之道。夫小过不生，大罪不至，是人无罪而乱不生也。"

为了真正达到以刑去刑的效果，公孙鞅甚至对随便倒垃圾的

---

① 《史记·商君列传》。
② 《韩非子·内储说上》。

人也要治以重罪,处以黥刑,对盗窃牛马者更是重判以死刑。

今天看来,公孙鞅确实有其理想家的一面。事实上,任何法令都有它出笼的理由与不足的一面,世界上没有什么事物是能够达到十全十美的标准的。"以刑去刑"可以最大程度地发挥其有利于政治与社会生活的积极作用。但真理往前再走一步,往往就会走向真理的反面,变成谬误,反而达不到目的。"重刑,连其罪,则民不敢试"①,并不是绝对的真理。"国无刑民"可能只是治理者心中一种永远的理想,在现实生活中,自从阶级、国家诞生以来,目前还未见到哪个国家或地区真正达到过这种理想的境界。

(四)移风易俗,"令民父子兄弟内室内息者为禁"②

这是令公孙鞅十分自豪的一项改革成就。

公孙鞅说过:"始秦戎翟之教,父子无别,同室而居。今我更制其教,而为其男女之别。"也就是说,昔日秦国充斥着西戎习俗,父子男女无别,从公孙鞅开始,才下令禁止了父子兄弟姐妹同室而居的陋俗。这条禁令,对于文明程度较高的东方六国或许算不得什么惊天动地的大事情。但是,这件事放在了当时的

---

① 《商君书·赏刑》。
② 《史记·商君列传》。

秦国，却是一件了不起的改革，它促进了人们的人伦规范及观念的变化，有利于小家庭在社会上的普遍确立及伦理文明的进一步发展。

（五）推行郡县制

公孙鞅在秦全国推行郡县制。"集小乡邑聚为县，置令、丞，凡三十一县。"①

公孙鞅在法令中规定：郡县的长官不能世袭，由国君直接任免。县下设立乡、亭、里等地方机构，直至"什伍"编户的最基层组织。

经过公孙鞅的这一改革，全国的政权、兵权、财权、人事任免权就统统集中到了国君的手中，君主集权的政治体制在秦国以法律制度的形式正式确立。秦国正是凭借这种先进的政体，迅速改变了当时所谓的"国防格局"。从一个落后挨打的西方国家一跃而成为了东方各国的克星。这岂不正应了《周易》里所说的"穷则变，变则通，通则久"的道理？就是今天，我们再翻阅审视这段历史，还是止不住感情地想赞扬这位敢于改革政体的"弄潮"英雄。专制政权，是近现代以来国人批判抛弃的重点对象，多少人为了战胜它，抛了头颅，洒了热血。专制政体成为了人

---

① 《史记·商君列传》。

们口诛笔伐，恨不得打翻在地再踏几脚的可悲的东西。但谁能想到，在历史上，这一政治体制为我华夏国家实现大一统、保持中华民族的文化与疆域统一等方面却曾起过重大作用。

（六）迁都咸阳

公元前350年，秦国把首都由栎阳迁到了咸阳。

这一决定，是秦孝公与公孙鞅二人高瞻远瞩、通力合作的结果。

1. 随着变法的推进、秦国国力的增强，对魏作战取得了一系列胜利，魏国已经不能再构成对秦国的威胁，斗争中心需要进一步向东转移，栎阳作为都城显然已经完成了它的政治使命。

2. 咸阳位于关中的中心地带，周围物产丰富，交通便利。它北依高原、南临渭水、东扼函谷要关、西拥雍州重地，雄踞甘陇和巴蜀通往中原的要津，东又有水路直通渭水、黄河，用顾祖禹《读史方舆纪要》一书中的原话形容，就是真可谓"据天下之上游，制天下之命者也"。

3. 随着变法的成功与对魏战争的胜利，秦孝公的野心进一步膨胀，已经远不满足于当初刚继位时"招贤令"中所说的"强秦"及"复穆公之故地，修穆公之政令"的愿望，他又在现有基础上，产生了"帝业"的冲动。贾谊说：

> 秦孝公据崤函之固,拥雍州之地,君臣固守而窥周室,有席卷天下、包举宇内、囊括四海之意,并吞八荒之心。①

从秦孝公任用公孙鞅在秦国实行伤筋动骨的大变革举动来看,这话的确是一语中的。

公孙鞅在这里"筑冀阙宫廷",全力贯彻秦孝公的战略意图,为秦国向东统一天下,在战略上做了进一步准备。

客观地说,迁都咸阳是一个极有远见的决定。从秦国的长远利益上看,这应当是一件值得称道的事情。公孙鞅晚年,贵族赵良曾以大筑宫阙,批评公孙鞅"不以百姓为事",劳民伤财,看来并非完全尽然。

总之,关于公孙鞅变法的主要内容,大抵不过上述六条,至于细节,本书中不再继续探讨。我只想以此说明,公孙鞅的变法,无论对当时的秦国,还是对以后的中国,都不是一件可有可无的事情。它不但实现了秦孝公的理想,而且为秦王朝统一六国开辟了坚实而广阔的道路。无公孙鞅及其变法,秦恐怕无力得天下,其诸多变法内容对于以后中华两千年之历史,影响之甚之大,已经由后世的历史做了很好的注脚与证明。

---

① 贾谊:《过秦论》。

四、奏响东进统一的序曲

随着变法的进一步深入、国家综合力量的迅速增强，秦孝公、公孙鞅开始将东进拓疆提上了议事的日程。

在公孙鞅的心中，一直没有忘记魏惠王对他的冷落与忽视。他早就想通过兵戎相见，让魏惠王睁开他那昏睡的眼睛，看一看他昔日瞧不起的小人物到底是一个怎样的能人。他要用实际行动让魏惠王悔肠百结，寸心欲断。

在公孙鞅看来，对一个人实施最大的惩罚，不是砍头与剁身，那是让人一了百了的简单事情。报复人的最高境界，就是要打乱他心中的平衡，打掉他高贵的自信，打造他心中的地狱，让他的灵魂整日生活在追悔莫及的煎熬难受之中，生活在恐惧不安的阴影里面，让他对做过的错事付出千百倍的代价，让他生不如死。

多年的积怨，一旦要求索还，那代价将会是极为可怕的。

现在，公孙鞅有这个条件了，他能不去发泄一下隐藏在心中多年的不快吗？

况且，国君秦孝公时时挂在心中的"且欲东伐，复穆公之故地，修穆公之政令"的心愿也一直还未得到实现。这是取悦国君的最好礼物，聪明能干而富于心机的公孙鞅能不为之付出全身的力气吗？

　　这是一个公事与私心完美结合的事业，是一个无论于秦孝公还是公孙鞅都愿意积极进取的双赢事业。

　　不达目的，誓不罢休。

　　看来，魏惠王真的有麻烦事了。

　　恰恰这个时候，东方各国战云密布。秦孝公八年（公元前354年），一场国际性的大战爆发了。

　　事情起因于赵国进攻卫国，企图迫使卫国朝赵。

　　卫国四处强邻，左右不敢得罪，就像一只可怜巴巴的羔羊，不知道哪一天就会被周围的恶狼咬上一口。

　　卫国原来是入朝于它西部的魏国的，但当北方的强邻赵国向它发起进攻的时候，势单力薄的卫国没奈何只得转而入朝于赵国，赵国此举自然引起了魏国的强烈不满与武力干涉。

　　于是，魏惠王派兵包围了赵国的都城邯郸。赵国坚持到第二年，不得不派人向齐国和楚国求救。

　　齐、卫、宋联合发兵攻魏，楚军也去偷袭魏国的南方。

　　公元前353年十月，魏军攻破了赵都邯郸，齐军在桂林大败魏军，楚军则趁机夺取了魏的睢水间的大片土地。转过年，魏又联合韩国的军队在襄阳打败齐、宋、卫联军。

　　经过这场持续了三年之久的厮杀，东方的几匹野狼都已经喘着粗气，精疲力竭。这种状况，给西方的醒狮秦国提供了东进伐魏、收复失地的机会。

公元前354年,趁魏、赵大战邯郸之际,秦军开始东进伐魏,在元里一战,大获全胜,斩魏军将士首级七千,夺取了魏的少梁,这是秦国自公孙鞅变法以来取得的第一次军事上的重大胜利。

公元前352年,公孙鞅调升为大良造,掌握了秦国的军政大权。趁魏与中原各国正在酣战、无暇西顾的形势,公孙鞅率领大军,穿过河西,直奔魏国的旧都安邑,将之夺为秦国之物。直到这个时候,魏惠王才真正领教了公孙鞅的厉害,感到非常后悔,连声大呼:"寡人恨不听公叔痤的话啊。"

可惜,太晚了。

紧接着,公孙鞅又乘魏与齐、赵等国议和之机,率领精兵奔袭正在筑魏长城以防秦的固阳,迫使守军投降。魏国门户开始全面暴露在东进秦军的面前。

但是,上述的三次袭击还只不过是公孙鞅的牛刀小试。

在战略上,秦、魏是不能并立的,不是你死,就是我活。这一点,公孙鞅早已成竹在胸。

公元前342年,面对魏国在马陵被齐国打得落花流水、国运日衰的状况,公孙鞅向秦孝公建议:

"秦之与魏,譬若人之有腹心疾,非魏并秦,秦即并魏。何者?魏居领阨之西,都安邑。与秦界河而独擅山东之利。利西则侵秦,病则东收地。今以君之贤圣,国赖以盛。而魏往年大破于齐，诸侯叛之，可因此时伐魏。魏不支秦，必东徙。东徙，秦据河山之固，东乡以制诸侯，此帝王之业也。"①这就是说，在公孙鞅的眼中，魏国与秦国，二者不能并存，必须死去一个，不是秦灭魏，就是魏灭秦，这个客观形势是不能改变的。现在，魏国陷于中原战争的泥潭，正是秦国收复河西之地，实现秦孝公"复穆公之失地"的大好机会。机不可失，时不再来。作为一个极端的功利主义者，公孙鞅岂能白白地错过这个机会。

在秦国君臣图魏的同时，魏惠王也正在积极安排着报复秦国。

公元前344年，从魏都大梁传来消息，魏国正在日夜操练军队，并派出使节穿梭往来于宋、卫、邹、鲁、陈、蔡等国家之间，准备以带领十二诸侯朝天子的名义，对秦国举行一次大规模的讨伐。

咸阳震动了。

秦孝公失眠了。

这时的公孙鞅，再一次显露出了他超众的智慧与冷静。

他向秦孝公分析道：

看来，单靠秦国一国，纵使全力以赴，万幸而能存国，也定然损失惨重，只能视为下策。若能说动齐、楚来救，是为中策。但齐、楚皆有亡我之心，即使答应出兵，也必在我损兵折

---

① 《史记·商君列传》。

将接近危亡之时。他们出兵的目的无非是为了分赃。臣熟思三日,以为解困的上策是齐、楚等国不由我请而自行怒而奋起反魏。那么秦国边境非但可以不费一兵一卒而固若金汤,而且还可以趁大梁受困难以自保之时,迅速出兵,收复河西之地。

接着,公孙鞅主动请缨去实施他的移花接木的计策。

早年在魏国,公孙鞅就没少对魏惠王进行研究与揣摩。尽管公孙鞅没有能够得到魏惠王的重用,但对魏惠王好大喜功、重虚而不务实的特点还是了然于胸的。魏国在魏文侯、魏武侯时经过李悝、吴起变法好不容易积攒下来的一点资本,经过庸陋浅薄的魏惠王的一顿瞎折腾,已经所剩无几了。

而这,正是公孙鞅心中窃喜的事情。

眼下,秦国危在旦夕,公孙鞅决定去魏国亲自游说欺骗魏惠王,让他取消纠集列国讨秦的计划,同时,还要唆使魏国进攻楚、齐,使之继续战争,从而让秦国从中渔利。

公孙鞅真的去了魏国,他迎合着魏惠王一心想称帝王的心理,劝他"大王不如先行王服,然后图齐楚"[①],并做出秦国坚决支持魏王称帝的许诺。早有称帝野心的魏惠王果然上当,列国伐秦计划不但受挫,魏国倒因为得罪了列国而重新陷入四面楚歌的

---

① 《战国策·齐策五》。

战争泥潭之中。

公孙鞅笑了。

孙子不是说过"上兵伐谋,其次伐交,其下攻城,攻城之法,为不得已"之类的话吗?

公孙鞅的削魏计划,正是贯彻了孙子的最高明的计策,首先即消灭敌国的阴谋与军事计划于无形,其次是破坏敌国的盟交,在外交上挫败他们携手对秦的计划。

公孙鞅之所以能够取得成功,关键是在于他揣摸透了魏惠王内心深处的想法,正确地预测了当时东方各国之间互相争夺攻伐的矛盾是不可避免的客观态势。

据《战国策》中的《齐策五》中记载:

> 魏王悦于卫鞅之言也,故身广公宫,制丹衣柱,建九斿,从七星之旗。此天子之位也,而魏王处之。于是齐、楚怒,诸侯奔齐,齐人伐魏,杀其太子,覆其十万之军。魏王大怒,跣行按兵于国,而东次于齐,然后天下乃舍之。当是时,秦王垂拱受西河之外,而不以德魏王。

看看,魏惠王因为虚荣心所驱使,竟然被公孙鞅的一句空话,骗得光着脚东奔西忙,落得个列国叛之、伐之,不仅帝王没有做成,相反丧师失地。魏国从此转盛为衰,真真是凄凄、惨惨、戚戚的一番景象。

中国历史上像魏惠王这样的大傻瓜，各代不乏其人。三国时袁术就是魏惠王的翻版。他们都是手中拥有了一点点资本，心中欲望就无限地膨胀起来，也不看看自己吃几两干饭、不看看天下有没有取得成功的形势，就急急然皇袍加身，闭其门做只有自己承认自己的天子。结果，他们都为天下弃之，众叛亲离，不得善终，为人嗤笑。相反，聪明人也有，如曹操、朱元璋类。他们都深知实力是决定一切的因素这个简单的道理。他们也都是南面称寡，但是，并不急于皇袍加身，而是努力打造自己横行天下的实力与能力。机会不成熟，他们决不会盲目乱干。

曹操戎马一生，挟天子以令诸侯，三分天下有其二，晚年尚能头脑清醒地拒绝孙权上书劝进的建议，认为这是孙权将他放到火炉上烤，是不安好心的馊主意。

朱元璋接受朱升的"高筑墙，广积粮，缓称王"的建议，让做反王的出头椽子先在元军进攻下一个个烂去，待各方精疲力竭的时候，他再渔翁得利，出来轻而易举地取得了天下。

看来，如何才能真正做上天子，这还真是一门学问。魏惠王傻气十足的小丑式的表演，作为反面教材，足以儆诫后人。

接着，秦孝公采纳公孙鞅的建议，立刻任命公孙鞅为大将，率兵收复河西之地。

《史记·商君列传》中这么记载：

军既相距，卫鞅将公子卬书曰："吾始与公子欢，今俱为两国将，不忍相攻，可与公子面相见，盟，乐饮而罢兵，以安秦魏。"魏公子卬为然。会盟已，饮，而卫鞅伏甲士而袭虏魏公子卬，因其军，尽破之以归秦。

从司马迁的这段记载中，足见公孙鞅这次战胜魏军使用的是"兵不厌诈"的计策。在军事战争中，这无疑是一个有价值的成功范例。

但是，问题出在公子卬与公孙鞅虽为两国敌军将帅，但昔日却是志同道合的密友。当初公子卬为了让魏惠王重用公孙鞅，在魏王面前没少下功夫。两人的友情，为当时人所熟知。公孙鞅以朋友的信用作担保，来欺骗公子卬，虽然取得了重大的军事胜利，一时达到了他多年来处心积虑的军事目的。但是，从长远来看，这一做法却未必高明。出卖旧时的朋友以换取功名，这实际上为秦、魏两国都不容。从此，他不仅没有了真正的朋友，而且秦国君臣也不敢太相信他了。以透支道德与信用来博取功名，日后证明，公孙鞅付出的代价太大了。

秦国收复了河西之地，就掌握了黄河天堑，东进的门户已被打开，秦孝公在昔日"求贤令"中提出的"强秦""复穆公之故地"的目标已经实现。

凯旋而归的公孙鞅，达到了他一生中事业的顶峰。秦孝公亲至东郊,隆重地迎接他的归来,同时兑现了自己"有能强秦者,吾且尊官,与之分土"的丰厚支票。"卫鞅既破魏还,秦封之於、商十五邑,号为商君。"①公孙鞅从青年时就孜孜以求的功名与事业,终于在他的多年不懈努力下变成了现实。

为了这一天,从他至秦之日算起,已经为之奋斗了将近20年!

五、身前的不幸与身后的永恒

常言道:日满则坠,月满则亏。

公孙鞅帮助秦孝公推行变法,实现"强秦";在通过一系列军事行动,夺回河西之地,达到"消魏"的目的时,他的人生与事业也就达到了巅峰。

巅峰其实是一种危险。没有人能够在巅峰上长久地停留。

果然,不出两年,公元前238年,全身心支持变法的秦孝公便因劳累过度而英年早逝。

同一年,为秦国富强与自己功名而发愤了20年的公孙鞅,也便从权力的巅峰上跌落下来,不仅自己,而且连累全家亲人一起跌进了苦难的地狱。

---

① 《史记·商君列传》。

今天看来，理想主义者的结局总是残酷得使人不忍回首，总是令人止不住地扼腕叹息。从古至今，人们都在为理想所吸引，为理想而奋斗，却很少有人能真正品尝到由理想结出的幸福果实。

从历史上来看，秦孝公与公孙鞅，确是一对事业上的天生搭档。如果说公孙鞅是秦国变法运动的设计师与执行人的话，那么，秦孝公则的的确确是这次变法运动的监护人与支持者。秦国变法运动能够最终如此顺利地取得成功，没有秦孝公的理解与自始至终的鼎力支持，是很难做到的。

在公孙鞅变法前不久，吴起在楚国也推行了变法，但因为触动了方方面面的贵族集团的特权和利益，遭到了他们一致坚决的反对。虽然楚悼王信任与支持吴起，怎奈这股守旧势力太大，在做他们的说服工作中，楚悼王最终因劳累过度很快去世。就在楚悼王尸骨未寒的灵前，楚国贵族联合起来，残忍地杀死了吴起并将他五马分尸。

距离公孙鞅变法1000多年后，中国北宋大地上也发生过一场王安石变法，与公孙鞅的变法目的颇为接近，旨在富国强兵。但王安石却没有公孙鞅那样的运气，其监护人宋神宗虽然也急于通过变法来挽救统治危机，但是他性格犹豫，在做事方式上不如秦孝公那样圆融与彻底。当然，王安石也不是公孙鞅，没有公孙鞅那种为功名敢于拼尽一切的劲头。最终，在宋神宗积劳成疾去世后，保守派掌权，新法尽废。在这一新一旧的混乱中，北宋也被搞得疲倦不堪，终至亡国。

对比来看，如果从实现人的使命与人生价值的角度来观察，我们禁不住地要为公孙鞅能够遇到秦孝公而感到庆幸。

秦孝公贤明、有能力、有志向而且又年轻。能够遇到这样一位胸襟豁达的君主，公孙鞅实在是太幸运了。

天下有本事的人多了去，哪里就缺你一个公孙鞅。"世有伯乐，然后有千里马。千里马常有，而伯乐不常有。"公孙鞅就是有天大的本事，如果遇到的是一个不识相的主人，他这匹千里马还不是得最终老死槽下，一事无成。当初公孙鞅满怀希望地在魏国一待就是四五年，还不是由于魏惠王不赏识而空怀一身本事？

话又说回来，魏惠王与秦孝公毕竟是两个不同层次上的重量级选手。虽然魏惠王也在到处笼络寻找人才，虽然他也想称王称霸，虽然也能够幸运地接受到先人传下来的一份丰厚的家业，虽然像公孙鞅、孙膑这样的文武全才都曾经投奔到他的帐前，但他的不识人的眼睛、刚愎自用的性格以及好大喜功的做派却把这些优势全都抵消得干干净净。

我经常猜想，如果历史能够倒回来再演一遍，假设魏惠王接受了宰相公叔痤的临终建议，最终重用了公孙鞅，那么，后来的中国历史会是一种什么样的结局与变化？会不会是魏国不断强大，直至由它来一统天下？经过反复的推理与思忖，我还是得不出这样的结论：魏国不是秦国，它身上背着太多的历史包袱，没有公孙鞅这样个性的人彻底施展才华的空间与土壤。魏惠王也不是秦孝公，他不可能把公孙鞅推到政治舞台上的聚光灯前，让耀眼的光芒长时间地全部倾洒在公孙鞅的身上。他没有秦孝公要把国家彻底治理好的志气以及信人不疑、用人彻底的胸襟。在这一点上，魏惠王根本无法同秦孝公相提并论。如果公孙鞅留在魏国，他也不可能得到魏惠王的全力支持而真正地实现他的理想。他不可能在魏国做出像在秦国那样名留青史并且深刻地影响了中国后来历史进程的伟大事业来。

写到这里，我忍不住地想对公孙鞅大声地说一声：你是多么地幸运，你的使命与人生的价值，已经经由秦国的政治舞台发挥得淋漓尽致。虽然你身遭不白之冤，像吴起一样被五马分尸，但作为一个顶天立地的男人，来到这个世上风风火火走上了一遭，值了！九泉之下，你该高兴、庆幸与安息才对。多少能人、英雄千年等一回也等不到的奇遇，能够垂青并成就于你，令人羡慕、妒嫉，多么值得自豪与高兴呵！

作为秦国国君，秦孝公不仅是一个现实主义者，而且更是一个理想主义者。

他在"招贤令"中提出的"强秦"目标，实际上就是一个理想主义的蓝图。因为"强秦"这个目标的可塑性非常大。它可大可小，可远可近，可长可短。在我的理解中，这很可能就是秦孝公给其本人制定的要终身努力的最高目标。至于秦国要在他的领导下强到什么程度，达到什么样的目标才叫强，秦孝公没有明确的界定。也许，这正是秦孝公高明的地方。

他在"招贤令"中提出的"复穆公之故地，修穆公之政令"基本上可以视作为他要一定实现的目标。或许在秦孝公看来，实现这一目标是现实的，是一定能够在他的任内做到的。但我们如果稍微再深入思考一下，就会发现，即使这一目标，也是一个很大很宏伟的计划。至少，在秦孝公的父亲秦献公的手中，就根本没有实现这一目标的可能。即使在秦孝公的任内，也是奋斗了二十余年才最终将这一目标变成了现实。

但是，正是因为这种理想主义的气质与个性，秦国才最终在秦孝公的手中，真正由一个西方大国最终走向"世界"，直至统一天下。

试想一下，如果没有理想的驱动，秦孝公何至于在即位的当年就向天下发布了"招贤令"。如果没有理想的驱动，在前两次召见公孙鞅的过程中，面对公孙鞅滔滔不绝的迂阔的所谓三皇五帝神圣事，毫无兴趣的秦孝公，如何能耐心地等待他唠叨完！要知道，秦孝公当年也还只是一位才20多岁的热血青年，要是没有一定理想的支配，他是不会如此苦了自己的。紧接着，从孝公第三次、第四次继续召见公孙鞅这位外籍人士，更可以看到秦孝公理想的远大，以及他难得的气度、胸襟与求贤若渴的品质。

听到公孙鞅的富国强兵之策，秦孝公立即大喜过望，"不自知膝之前于席也。语数日不厌。"①这个生动的历史事实充分展示了这位年轻国君的急想有所作为的一面，这种童稚般的热情与激情，也许正是许多杰出并有所成就的领袖所共有的魅力。

秦孝公在位24年便去世，死时正值45岁的壮年时期，很有可能与他过度操劳国事有关。因为从现有的各种历史资料中，并没有发现这位有为君主有别的有伤身体的嗜好，如纵欲过度、荒嬉过度等等。相反，历史材料上所记载的都是他严肃工作，专注于秦国富强大业的事实。我们可以推断，这位有为君王如果不是死于暴病，基本上就可以认为是因改革大业劳累过度、油尽灯枯的结果。

从史料记载来看，公孙鞅是位外籍政客，本身在秦国没有一点人脉基础，他所以能够顺利地推行变法的法令，完全是因为秦孝公的全力支持。因为，真正能够推动变法，迫使全国臣民严格遵从实行的，并不是公孙鞅，而是站在幕后的身为国家最高掌舵人的秦孝公。

公孙鞅变法使秦国从经济基础到上层建筑都进行了全新的大变动，触动了上上下下各方面的、各阶层的利益，反对之人当不在少数；加上公孙鞅的个性，为人"刻薄"、严酷果断、轻罪

---

① 《史记·商君列传》。

重罚、不留情面，这就为秦孝公的日常工作无形中增加了许多难度。秦孝公既要耐心说服或强迫本土实力派接受公孙鞅的改革举措，又要承担这场改革运动的风险与失败的责任。这可不是一件容易的事情。它足以使一个人在强大的压力之下损坏健康而最终丧命。秦孝公英年早逝，在很大程度上可以断定是因为这次史无前例的大变动耗尽了他的心血，减短了他的寿命。这是翻天覆地的大变革运动必须付出的代价。春秋末年的楚悼王、北宋中期的宋神宗概莫能外。

这是一个宿命，理想主义者的悲剧宿命。

秦孝公刚死，腥风血雨便铺天盖地向公孙鞅直扑过来。

继位的太子驷，刚刚坐上龙椅，周围的旧贵族便纷纷将他包围起来，诬告公孙鞅欲行谋反。

公孙鞅的命运危在旦夕。

也许，自来到秦国，获得孝公信任重用以来，公孙鞅已经忘记了，他本来不过是一名宾客而已，他体内流的是中原卫国的血，和嬴秦没有任何关系；他忽略了，信任与支持他变法的，当权派中只有秦孝公一人，而不是那些根深蒂固、人数众多的贵族官僚。也许，在公孙鞅看来，信任他的孝公比他年轻十多岁，只要孝公健在，他就不怕什么风吹草动。但是，智者千虑，必有一失。没想到，他策划并进行的这场改革事业，从决策到执行，要理顺整个过程中复复杂杂的人际关系，巨大的压力，已经把秦孝公彻底累垮了!

就在秦孝公去世前五个月的一天,有一个名叫赵良的秦国人,已经敏锐地察觉到了这一点。

俗话说,旁观者清。尽管赵良对公孙鞅的变法也抱着反对的态度,但他敬重公孙鞅拼命实干的精神,他看出公孙鞅处境危险,出于一片真诚,他前去劝说公孙鞅悬崖勒马,回头是岸;交出权力,交出封地,到秦国偏远地方去做一个富家翁,颐养天年。公孙鞅虽然真诚地接待了赵良,但却否定了他提出的赎救建议。以公孙鞅的个性与处事方式,他是不会走回头路、停下还在疾驰的战马的。何况,他凭半生的心血打拼而来的於、商封地,是他一生功名的广告牌,是他为后代造福的根据地。失去权力,再失去封地,就等于彻底否定了自己前半生的努力与成就,不要说是公孙鞅,就是换上我等碌碌之辈恐怕也一时难以下定决心。但是,不交出权力和封地,就必须交出自己的生命。二者只能选择其一。公孙鞅的悲剧人生就在这稍纵即逝的瞬间注定了。

果然,五个月后,秦孝公因积劳成疾英年早逝。太子驷继位,便是秦惠文公。

一朝天子一朝臣。

新君不用旧臣,这是一条铁定的政治法则,几千年来,谁也逃脱不了这幕铁网的制约。作为先王重臣,公孙鞅官爵至大良造,已经是相当于其他诸侯国国相的职位。国相无权率领军队,而公孙鞅则军政大权集于一身，秦孝公对其言听计从，加上於、商之地十五邑，公孙鞅的权势已经达到了无以复加的程度。换上任何一个新上任的君王，都不可能不对之深深加以关注与忌讳。何况，秦惠文公并不是一个庸碌无能的君王，他并不想做一个有名无实的国君。

因此，在第一次朝会中，善于揣摩国君意图的公子虔和公孙贾立刻跳了出来。他们援引"大臣重则国危，左右重则身危"的古训，并进而分析，公孙鞅立法治秦，秦国虽治，但国中老少男女都只说商君之法，而不说秦国之法，如今又加封采邑十五，权位已极，势必谋叛。望君上立刻明断，切莫养虎贻患！

这些话，秦惠文公不仅全部听进了耳朵而且深以为然。

于是，秦惠文公下令收缴公孙鞅的相印及兵权，命他立即从咸阳走人，回到封地於、商去。

但是，聪明而精通政治的秦惠文公是不会就这样轻易地放过公孙鞅的。

一则，在早年变法时，公孙鞅对他的定罪及惩罚，他还历历在目，心中之恨未除。

二则，商君相秦十年，宗室贵族怨者很多，民众也苦不堪言、苦不敢言。借公孙鞅的人头安抚人心、收买人望、增强政治凝聚力，又何乐而不为？

三则，公孙鞅之人的影响已经深入秦国各个角落，借公孙鞅人头做文章,正可晓喻天下民众,借此迅速建立自己的威信。

四则,"飞鸟尽,良弓藏;狡兔死,走狗烹。"变法已经20余年,公孙鞅的使命已经基本完成,该到了借他的人头向改革中的被伤害者表示慰抚的时候了。

这样,公孙鞅就死定了。

新上任的秦国国君,采取了逼反的高明策略。

对于公孙鞅这样一个深得先君信任、重用,而且为秦国服务了20余年的重臣,要杀他也必须找一个高明的借口,否则,各国会议论,民间会议论。根据其20余年的从政生涯,已经使秦惠文公太了解公孙鞅的个性与为人了。他知道,公孙鞅是不会甘心束手走上绝路的,只要自己再加一把火,公孙鞅就会狗急跳墙,叛逃或谋反的。

就在这最后的危急关头,公孙鞅似乎还没有嗅到即将到来的血腥气味。

也许,在功成名就之后,他的政治敏感性已经大大地退化了。在他辞庙返回封地时,还特意再用了一次犹如国君的威仪。很可能,在公孙鞅看来,这是他最后一次临朝听政、指点江山的机会了,他要给自己的前半生从政生涯画上一个圆满的句号,他也想让咸阳的文武百官知道,他虎去威犹在。

公孙鞅觉得自己需要有这样一个结束,他的政敌也正需要他再显摆这么一次威风。

公子虔、公孙贾立即禀奏:"这叛贼已撤去相位,竟然还敢僭拟王者仪制,倘若任其回归商、於,必然后患无穷!"

当年曾在朝堂上与公孙鞅有过激烈争论,受到公孙鞅挫辱的甘龙、杜挚,也急急赶来做了同样的禀奏。

秦惠文公等的就是这样的罪状,他立刻命令公孙贾率领武士三千去追赶公孙鞅,斩首来报。

公孙鞅闻讯,赶忙扮成卒隶带着妻儿老母仓皇出逃。奔至函谷关时,看看天色已晚,便往旅店投宿,但公孙鞅没有公函证明,便被不客气地拒在门外。店主告诉公孙鞅:"商君之法,舍人无验者坐之。"面对此情此景,公孙鞅不禁喟然长叹:"嗟乎,为法之敝一至此哉!"①

这就是"作法自毙"成语的来历。

没办法,趁夜色,公孙鞅等人混出了函谷关,企图奔魏,但因公子卬事件,魏人已对公孙鞅产生极大的不信任,他们以"陷人于危,必同其难"的理由将公孙鞅赶回了秦国。在万般无奈的情况下,公孙鞅只好逃回自己的封地於、商,组织子弟兵,准备做孤注一掷式的抵抗。但惠文公很快派出大军,粉碎了公孙鞅有限的一点军事力量,在郑国黾池这个地方将他抓获,施以六种死

---

① 《史记·商君列传》。

刑中最残酷的一种：车裂。

惠文公指着公孙鞅的尸首说："今后有敢造反者，公孙鞅就是他的下场！"

覆巢之下，岂有完卵，公孙鞅一家也全部惨遭杀戮。

一个理想主义者，就这样为他的理想，将自己及其全家的生命献上了祭坛。

事实上，惠文公处死公孙鞅，并非是要否定公孙鞅的作为，更不意味着要在秦国恢复公孙鞅变法之前的旧制度。公孙鞅的变法在秦国推行了21年，已经深入人心，连妇孺童稚都能言"商君之法"。变法给秦国带来的好处，惠文公心中清清楚楚。对于新法的成果，惠文公不但没有废止，而且全盘继承，甚至还有所发展。这说明，惠文公是一个合格有为的君主。

关于公孙鞅的死因，司马迁在《史记》中曾有这样的分析：

> 商君，其天资刻薄人也。迹其欲干孝公以帝王术，挟持浮说，非其质也。且所因由嬖臣，及得用，刑公子虔，欺魏将卬，不师赵良之言，亦足发明商君之少恩矣。余尝读商君开塞耕战书，与其人行事相类。卒受恶名于秦，有以也夫！①

按照司马迁的说法，公孙鞅之死是因为他做人行事"刻

---

① 《史记·商君列传》。

薄""少恩",这是不错的。但是,这绝不是公孙鞅一定要死的根本理由。秦惠文公之所以要除掉公孙鞅,我想,真正的原因只有一个,这就是:公孙鞅在秦国权大势重,已经构成了对秦惠文公的潜在威胁。

从更深刻的层面上讲,公孙鞅之死,也不是死在秦惠文公的手中,而是死在中国传统政治的潜规则中。君相之争一直是中国几千年政治权力斗争的一种常见的现象。新即位的君主对于前朝留下的宰相重臣没有几个是加以继续重用的。任何一位新君,只要想建立自己的权力统治,都不能不把一切人们不满意的东西都推给前朝,而把一切好的都记在自己的名下。除非有万不得已的特别情况,先君的光辉形象是绝对不能损坏的。最有效最直接的办法,莫过于推出像公孙鞅这样一个颇有民愤、个人品性又有瑕疵的人出来,使他成为前朝所有过失的箭靶,杀之以安抚民众,又可借以收回权臣的权力,树立自己新的气象。明朝崇祯皇帝诛杀魏忠贤、清朝嘉庆皇帝诛杀和珅,无不是这一法则在历史长河中变相的继续。所以,即使继位的不是秦惠文公,公孙鞅侥幸不被车裂,也决不会有太好的下场;即使没有公子虔、公孙贾的借机报复,秦惠文公迟早也要借个题目做成这篇文章。

后来的历史发展事实是:处死公孙鞅后,秦惠文公也并没有重用公子虔等宗室贵族。在其统治的27年间,没有一个无功无能的宗室贵族得到过高官显爵。公孙鞅人虽亡政未息,其变法措施继续在秦国大地上成长壮大，直至成为参天大树，庇荫秦始皇统一六国，兼并天下。这样看来，如果撇开个体生命的得失，放在历史的长河中来评估人生的价值与长生之道，我们还是要为公孙鞅这位理想主义者感到庆幸，毕竟人生只有百年，不过瞬间即逝，能够用肉体生命来创造精神不朽与永生，这才是真正的不老长生之道。

第四章 皇帝制度与郡县制
——秦始皇治国论

秦始皇创制的若干重要制度，特别是皇帝制度、郡县制度、官僚制度，对此后两千多年中国政治的演进产生了重要而深刻的影响。秦始皇继承前代的法治传统，在法律制度日益完善的基础上，提出了以法治国、以吏为师的政治准则。作为历史上第一个实现了"大一统"的高度集权的秦帝国，秦始皇执政的理论基础是法家的以法治国、以刑去刑、事皆决于法的基本思想，这为后世中国政治运作提供了一种颇具价值的治理模式。

一、创立皇帝制度

秦始皇对中国政治第一个开山式、里程碑式的创造,便是为自他而后的最高统治者发明了"皇帝"这一称号。从秦始皇开始,"皇帝"称谓一直成为封建时代历代王朝最高统治者的正式尊号。"皇帝"也由此而成为秦汉以来中国君主专制制度的文化代表性符号,与此相应的皇权观念亦一直成为最高统治者权力和权威的重要来源之一。

公元前221年,经过多年的兼并战争,秦灭六国,实现了天下统一。

司马迁说:"秦王兼有天下,立名为皇帝。"①

天下统一后,秦王嬴政不满意前朝君王的政治称谓,指令群臣议上尊号。嬴政历数自己横扫六合的功勋,指令丞相、御史等人曰:"寡人以眇眇之身,兴兵诛暴乱,赖宗庙之灵,六王咸伏其辜,天下大定。今名号不更,无以称成功,传后世。其议帝号。"这个明确的指示,说明嬴政对这个新生的帝国核心制度已经成竹在胸。

很明显,1."称成功",就是说他的尊号与权力,要与他前

---

① 《史记·秦始皇本纪》。

无古人的功业相匹称；2. "传后世"，就是要让这个新创立的帝国制度规范能够代代相传下去，实现千秋一统。

丞相王绾、御史大夫冯劫、廷尉李斯等立刻召集公卿百官集议，根据秦王嬴政的指令，他们提出了一个供嬴政裁决的提案："昔者五帝地方千里，其外侯服夷服，诸侯或朝或否，天子不能制。今陛下兴义兵，诛残贼，平定天下，海内为郡县，法令由一统，自上古以来未尝有，五帝所不及。臣等谨与博士议曰：'古有天皇，有地皇，有泰皇，泰皇最贵。'臣等昧死上尊号，王为'泰皇'。命为'制'，令为'诏'，天子自称曰'朕'。"嬴政的裁定是："去'泰'，著'皇'，采上古'帝'位号，号曰'皇帝'。他如议。"不久又"更名民曰'黔首'"①。秦始皇遂成为中国历史上第一位皇帝。

皇帝制度形成过程倒很简单，众大臣经过一番搜肠刮肚、冥思苦想，纷纷附和秦王的意见提出了自己的办法。最后，还是嬴政一语定乾坤：

取三皇之"皇"，五帝之"帝"，号曰皇帝。

司马迁说："始皇自以为功过五帝，地广三王，而羞与之侔。"

皇帝尊号与制度，无疑是秦始皇对中国政治的一大发明与

---

① 《史记·秦始皇本纪》。

创举。

　　从历史上看,"皇帝"一词,古即有之。《尚书·吕刑》有"皇帝哀矜庶戮之不辜""皇帝清问下民"等。这是现存文献中"皇帝"称谓的最早用例。对于《吕刑》所说的"皇帝",学界大多认为是对尧、舜等前代帝王的尊称。在功盖"三皇五帝"的意义上使用"皇帝"一词,并将这顶桂冠加在当代君主之头上,显然始于秦王嬴政,他是中国历史上第一个把皇和帝联系起来,称皇帝的帝王。

　　表面上看,"皇帝"是一种名号、一种君主称谓,但实质上,这不是一个简单的称谓问题,而是帝王观念的体现,它把帝王的尊贵推向了顶峰。秦始皇设置名号的根本目的是利用民众对君主制度和王权的普遍信仰来建立统治者自己独一无二的权威。在秦始皇之前,最高统治者已经有过一系列的高贵名号,如夏朝的"后"、商朝的"王"、周朝的"天子"等。但秦始皇认为这些称号还不足以概括其权势,显示其功德,彰显其神圣,于是指令群臣另上尊号。群臣引经据典,认为人类之中"泰皇最贵",建议以"泰皇"为号。而秦始皇意犹未足,他干脆将概括天皇、地皇、泰皇之"皇"与上古最高统治者的"帝"号连缀在一起,创造了"皇帝"称谓。

　　秦始皇所谓的"皇帝"名号,既是对新生帝国制度的新的概括与发展,也含有权势与功德都超越"三皇五帝"的意味。

"皇帝"称谓是在一系列君主称谓的基础上产生的,它既可以与"皇""帝""王""天子""陛下"等其他君主称谓并用,又作为最高统治者的正式尊号而凌驾于一切君主称谓之上。

秦始皇创立的皇帝制度,不仅作为一种文化符号,更是与一系列国家名、器联系在一起的。皇帝权力表现在为民立极,即对全国臣民的行为准则和道德规范做了详尽、具体的规定。所有的臣民都必须按照皇帝的意志和命令行事。琅琊刻石中如下一些词句很能说明问题:

> 皇帝临位,作制明法,臣下修饬。
>
> 皇帝躬圣,既平天下,不懈于治。夙兴夜寐,建设长利,专隆教诲,训经宣达,远近毕理,咸承圣志。

这类词句可不是官样文章,而是为臣民划定行为准则,并宣布皇帝的意志就是命令,所有的人必须遵从,从而把皇权至上的思想推到前所未有的高度。

与提出皇帝称号同时,秦始皇还确立了尊君卑臣的礼仪制度。蔡邕《独断》说:"天子正号曰皇帝,自称曰朕,臣民称之曰陛下。曰言曰制诏,史官记事曰上,车马衣服器械百物曰车舆,所在曰行在,所居曰禁中,后曰省中,印曰玺。所至曰幸,所进曰御。"为了维护皇帝尊严,从秦始皇开始,历代最高统治者还有一系列极为烦琐的礼仪规范,就连皇帝的衣、食、住、行都打上了皇权至上的印记。这就从名号、制度、礼仪、法律等各个方面，确保了皇帝至高无上和神圣不可侵犯的权力。在制度与观念的互动中，"皇帝"就不再是单纯的政治文化符号，而是成为中国传统统治思想和政治制度的最高概括。

皇帝称谓自秦始皇确定之后，中国帝王的正式尊号再也没有更改过。原因很简单，在汉语中已无法找到更尊贵、更贴切的词汇。正如朱熹所说："秦之法，尽是尊君卑臣之事，所以后世不肯变。且如三皇称'皇'，五帝称'帝'，三王称'王'，秦则兼'皇帝'之号。只此一事，后世如何肯变！"①

皇帝制度开两千年来中国封建专制制度之先河。从秦始皇开始，周王朝实行的分封制度，开始逐渐被郡县制所替代，从此进入了中国历史的博物馆。

这是政治上的大智慧，是大一统传统中国政治所需要，皇帝制度对此后两千多年的历史演进产生了深刻的影响。秦始皇这一筚路蓝缕的开创之功不可没！

二、巩固与完善郡县制度

秦帝国的政治制度，在许多方面表现出了新鲜的气息。

---

① 《朱子语类》卷一三四。

秦统一天下之后，疆域空前广大。

据司马迁在《史记·秦始皇本纪》中记载，秦帝国的国土，东边至于海滨暨朝鲜地方，西边至于临洮（今甘肃岷县）及羌人居地，南边至"北向户"，也就是到了北回归线以南的地方，北边则据河为界，国防线与阴山并行东至辽东。

如何治理这片广阔的疆土？是继续采用周王朝的分封制，还是采用春秋战国以来新兴的郡县制？秦帝国君臣曾经就此进行过两次激烈的辩论。

秦刚刚实现统一之初，丞相王绾曾经主张实行传统的分封制度，以维护帝国的安定。

王绾认为，诸侯初破，燕国、齐国、楚国旧地距离关中都非常遥远，如果不分置诸侯王的话，就没有办法镇抚管理。他建议秦始皇分立诸子做诸侯，以统治距离国都咸阳较远的土地。

秦始皇吩咐朝廷对这一意见开展讨论，群臣大都表示赞同王绾的建议。只有廷尉李斯提出了不同的政治见解。

李斯说，周文王、周武王分封了许多子弟同姓为诸侯，但是后来这些诸侯国和周王朝的关系越来越疏远，又彼此如同仇敌一般互相攻击，连周天子也没法加以禁止。现在，全靠陛下英明神圣，海内实现了一统，都成为直属朝廷的郡县，对诸子和功臣可以用国家的赋税收入给予丰厚的赏赐，这样便于控制天下，这是实现海内承平的"安宁之术"。而分置诸侯，是不宜施行的建议。

经过斟酌,秦始皇采纳了李斯的意见,他说:天下苦于战争长久不息,就是因为侯王割据相互争夺的缘故。现在幸有祖先神灵护佑,使天下终于得到安定,如果重新分立诸侯国,就会再次埋下战争的隐患,要想谋求海内安定,岂不难哉!廷尉的主张是正确的。

然而,事情并未就此结束。

公元前213年,秦帝国君臣就是否推行郡县制,又发生了一次著名的御前辩论。

秦始皇置酒咸阳宫,博士七十人在御前祝酒。

仆射周青臣进颂说,以往秦国地方不过千里,赖陛下神灵明圣,平定海内,放逐蛮夷,日月所照的地方,全都成了陛下的国土。以诸侯统治旧地设立郡县,于是人人自安乐,不再有战争的祸患,天下可以传之万世。自上古时代算起,诸多帝王,哪一个都不及陛下的威德。

于是秦始皇大悦。

随后博士齐人淳于越进言,却直接反驳了周青臣的说法。

他说:殷周政权能维持一千多年,正是因为封子弟功臣,自为枝辅。今陛下有海内,却废除分封制而推行郡县制。做事不遵循古训而能够长久的,从来没有听说过。

于是,秦始皇命令就分封或是郡县制度再次进行讨论。

在第二次辩论中,李斯继续批驳"师古"的主张,以为五帝的政策不相重复，三代不相沿袭，但是各自都实现了安定进步，政制只能依时势而变化演进。明确了郡县制政治革新的意义。李斯又指出，古来天下散乱，不能一统，以致出现"诸侯并作""诸侯并争"的严重危害。他坚持郡县制对于"创大业，建万世之功"有重要作用的主张。李斯肯定郡县制的意见再次得到秦始皇的赞同，而对于与此不同的政见，随后秦始皇则采取了以"焚书"为标志的严厉打击的措施。

明代思想家李贽在《史纲评要》卷四《后秦纪》中曾经称李斯倡行郡县之议是"千古创论"，又就"置郡县"之举多所赞誉。他说，李斯等人，都是应运豪杰、因时大臣。假使圣人重新复生，所推行的政策也不会有所改变的。

在明确了治理之策之后，秦始皇于是分天下为三十六郡，每一个郡，设置守、尉、监诸官职，分别负责行政、军事、监察，从而彻底固化郡县制度。

秦王朝最初设置的三十六郡，包括：陇西（郡治在今甘肃临洮）、北地（郡治在今甘肃庆阳西南）、上郡（郡治在今陕西榆林南）、汉中（郡治在今陕西汉中）、蜀郡（郡治在今四川成都）、巴郡（郡治在今重庆）、邯郸（郡治在今河北邯郸）、钜鹿（郡治在今河北平乡西南）、太原（郡治在今山西太原南）、上党（郡治在今山西长治）、雁门（郡治在今山西大同西）、代郡（郡治在今河北蔚县东北）、云中（郡治在今内蒙古托克托东北)、河东(郡治在今山西夏县)、东郡(郡治在今河南濮阳南)、砀郡(郡治在今河南商丘)、河内(郡治在今河南武陟南)、三川(郡治在今河南洛阳东)、颍川(郡治在今河南禹县)、南郡(郡治在今湖北江陵)、黔中(郡治在今湖南沅陵)、南阳(郡治在今河南南阳)、长沙(郡治在今湖南长沙)、九江(郡治在今安徽寿县)、泗水(郡治在今安徽淮北西)、薛郡(郡治在今山东曲阜)、东海(郡治在今山东郯城)、会稽(郡治在今江苏苏州)、齐郡(郡治在今山东淄博)、琅琊(郡治在今山东胶南南)、广阳(郡治在今北京)、渔阳(郡治在今北京密云)、上谷(郡治在今河北怀来东南)、右北平(郡治在今天津蓟县)、辽西(郡治在今辽宁义县西)、辽东(郡治在今辽宁辽阳)。

管辖京畿附近诸县的"内史",是和郡平级的行政单位,然而不在"三十六郡"之内。

后来,随着疆域的扩展,又设九原(郡治在今内蒙古包头西)、南海(郡治在今广东广州)、桂林(郡治在今广西柳州西)、象郡(郡治在今广西崇左)、闽中(郡治在今福建福州)五郡。

于是,除了内史管理的京畿地区外,秦有四十一郡。

秦的政区范围的确定,标志着中华帝国最基本的文化圈的初步形成。后来中土文化向四方传播,都是以此作为主要基地的。

在秦的地方行政体系中,郡的下级单位是县。少数民族地区的县级行政单位则称"道",这是因为当时中央政府对于这些地区一般只能控制主要的交通线,并由此推行政令、集散物资的缘故,秦县的数量大约有一千个。

从历史上看,郡县制度是春秋战国以来逐步形成的一种新型的地方行政制度。

关于"县"的设置的最早的资料,可见于《史记·秦本纪》的记载。这就是秦武公十年(公元前688年)伐邽冀戎后,在所占领地区设立了最初的"县",以及秦武公十一年(公元前687年)在杜地和郑地设置了"县"。

《国语·齐语》中也说,齐桓公时,曾经在齐国设立了"三乡为县,县有县帅"的制度。

另外,从《左传》中,也可以看到有关晋国、楚国等国曾经设县的记录。

顾炎武在《日知录》卷二二《郡县》中写道:"当春秋之世,灭人之国者,固已为'县'矣。"就是说,"县",起初是列国兼并时代管理新占领区的行政区设置。顾炎武又指出:"当七国之世,而固已有郡矣。"通过战国时期的历史,我们可以看到,郡制,也是中原周边地区后起的强国赵、燕、楚、秦初创的新的地方行政制度。

海内一统后,郡县制度为秦帝国继承发展并巩固下来,成为后来历代王朝中央政权控制地方行政的基本形式。秦王朝的统治者确定了"置郡县"的地方行政管理制度，确实是英明的政治决策。①

秦帝国的郡县制度大致有以下几个特点：

1. 地方行政机构设郡、县（道）两级，县以下有乡、里等基层政权组织。基本上实行单纯的郡县制。封君食邑的"国"数量很少，且实际上相当于县一级建制。中央政府之下设数十个郡。作为地方最高行政区划的郡规模相对较小。

2. 郡县主官一律由中央政府任免，其他各种重要官吏的任免权也全部操在中央政府的手中。各级官吏的基本职责和行政行为主要依靠国家制定的各种法规加以规范。一切地方官都属于官僚制度中的官僚，他们必须服从国家及上司的法令、政令，定期向上一级政府报告政务，并接受上一级政府的考课。中央在地方设置专门的派出机构以监察郡县百官或直接管理有关事务。

3. 国家将各项重大权力集中于中央政府，通过掌握大政方针的决策权、国家法规和制度的制定权、各级主要官吏的任免权、所有军队的调动权、最高司法权、最高监察权和财政管理权等，加强对郡县的控制，使地方很难形成对抗中央政府的政治势力。

---

① 王子今著：《细说秦始皇》，上海人民出版社2005年版，第124—128页。

4. 初步形成地方官吏分权、制衡的机制。如在郡一级，郡守、郡尉、监察御史在行政、军事、监察方面有所分工，军事、监察权力有一定的相对独立性。但是，在这方面还有许多有待进一步改进、完善的地方。

5. 中央赋予地方较多的实权，使之与后世郡县相比有较多的自主权。各级政权机构基本上实行行政、司法、军事、财政、监察等诸权合一。郡守和县令还有制定地方法规、政令和选任低级官吏、属吏的权力。每一级行政机构只有一个权力中心，行政首长的权力仍然比较大。地方享有的权力足以承担属于其职权范围中的各项日常政务。必要时郡守还有条件集中包括军事力量在内的各种资源以应对危机。

过去，许多政治史的研究著作都认为秦朝灭亡的原因之一是秦始皇嗜权如命，导致中央集权过甚而地方政权权力太少所致。其实，这种观点是值得商榷的。综观中国古代政治制度发展史，在历代王朝中，秦朝郡县一级政权及其行政长官的实际权力属于较大的一类。在当时的历史条件下，这是容易出问题的。

从历史发展的角度看，秦帝国郡县体制的弊端主要有两个：一是地方主官的权力太集中。由于秦帝国立国时间太短，这个问题还没有从内部充分地暴露出来。但是在发生动乱时，项梁、刘邦等一批豪杰只要夺取守令印信，便可以形成一股势力，在一定程度上暴露了这个问题。二是地方最高一级行政区划的规模太小。全国分划为40多个郡,中央直接管理的下一级政权机构数目太多。从管理学的角度看,这也是有问题的。郡一级的行政区划太小,致使力量过于分散,在国家出现危机时,单凭各个郡县的力量,很难在更大的范围内组织有效的应对措施,而中央权力又难免鞭长莫及。秦末天下动乱之际,这个弊端暴露无遗。从稳定"家天下"的政治结构的角度看,在认同旧的政治体制的传统势力仍然相当强韧的秦代,特别是在刚刚实现国家统一的立国之初,如果秦始皇在关键地区适度分封若干嬴姓王国,可能在政治上对稳定统治会更有利一些。[①]这样做既可以减少一些舆论的批评,加强高层内部的团结,又有利于保持嬴秦王朝的家天下,使整个国家的政治运作状况适度增加一些稳定性。这些缺失,汉帝国的创建者刘邦都十分明智地在借鉴秦亡教训的基础上加以了改进和完善。

三、建设帝国官僚制度

实行郡县制度后,为了有效地管理国家与官吏,秦始皇汲取了战国时期置官设制的经验与教训,建立了比较完备的中央与地方二级政权组织。

---

① 张分田著:《秦始皇传》,人民出版社2003年版,第310—311页。

在中央官制方面：设置丞相、太尉、御史大夫分掌行政、军事、司法工作。

丞相分左、右，是中央政权机构的最高行政长官，协助皇帝处理全国政务。

太尉是中央的最高军事长官，协助皇帝处理全国军务。

御史大夫掌管监察工作，协助丞相处理政事。

"三公"之下设有"九卿"，即：

奉常，掌宗庙礼仪。

郎中令，掌宫廷戍卫大权。

卫尉，掌管宫门警卫。

太仆，负责皇帝使用的车马。

宗正，管理皇族事务。

典客，主管少数民族事务。

少府，负责山林池泽的税收和宫廷手工业，属于管理皇室私家财富的机构。

治粟内史，负责租税赋役和财政开支。

廷尉，掌管刑罚。

秦汉以降，人们常将秦代中央官制归纳为上述"三公九卿"。然而事实上，除此之外，秦代还设置了一些比较重要的官职，比如：博士，"掌通古今"，即通晓古今史事以备皇帝咨询，同时负责图书收藏。

典属国，与典客一样主管少数民族事务，不同的是典客掌管与秦友好的少数民族的交往，而典属国则负责已投降秦朝的少数民族。

詹事，管理皇后和太子的事务。

将作少府，负责宫殿建造。

内史，掌治京师。

主爵都尉，掌列侯。

在地方官制方面：前文已经说过，根据郡县制度，设立郡、县两级长官。

无论是中央官员还是地方官员，秦始皇全部打破周王朝的贵族世袭制度，结束终身制，任免与考核全由中央政府决定，同时全面强化政治监控机制及其相关的一系列管理制度，防止与惩办官员的腐败与不作为行为。

由此可见，秦王朝的官僚制度已经相当严整完备。后来有"汉承秦制"的说法，就是说秦代的这一制度为汉代统治集团大体继承沿袭。

在中国古代政治史中，秦代的官制确实有着特殊重要的意义。《汉书·百官公卿表上》说，周政衰败，官制混乱，战国并争，各有变异，秦兼并天下，建皇帝之号，立百官之职。汉王朝予以继承，没有大的变动。秦立百官之职，汉代基本因循秦制又经进一步健全之后，终于确立了中国历代王朝官制的基本格局。

四、统一文字、货币、度量衡

秦始皇以武力征服天下，摧毁了各国政治疆域的篱笆，建立了统一的帝国政治制度。但他没有停步于此，又把目光对准了斑驳陆离的文化领域、经济领域，致力于构建"大一统"的思想文化、经济文化形态。秦帝国建立不久，秦始皇就雷厉风行地扫荡各地经济文化差异，统一文字、货币、度量衡，推行书同文、车同轨、度同制、行同伦等有利于大一统的经济文化政策。

（一）"书同文"

统一文字、简化字形是秦始皇在统一文化制度方面最重要的举措之一。秦始皇称帝不久就下令"书同文字"[①]。他针对各国"文字异形"不易相认的状况，下诏令统一文字的字形与书体。

秦始皇首先推行经过整理的秦篆，也就是小篆。小篆是以秦国文字为基础，以西周以来通行于周地、秦国的《史籀》大篆为蓝本，又汲取齐鲁等地通行的蝌蚪文笔画简省的优点，修改而成的。秦始皇将李斯、赵高、胡元敬等人用小篆编写的《仓颉篇》

---

① 《史记·秦始皇本纪》。

《爰历篇》《博学篇》作为标准的文字范本。李斯等人创造的"小篆"又称"秦篆"。秦篆形象匀圆、字体齐整、笔画简略。它作为官方规范文字,颁行全国。另外,秦始皇还推行隶书。"秦始皇改革文字的更大功绩,是在采用了隶书。"[①]云梦秦简的发现证实了这个观点的正确。

秦始皇简化汉字、统一字形,对于中华民族政治与文化的发展有重大的贡献。中国地域辽阔,各地方言、乡音差别很大,而汉字的表意性很强,有了统一的文字,就基本上克服了各地政治、经济、文化交流中的方言障碍、乡音隔阂。统一文字不仅对促进国家政治统一、经济、文化交流有积极的意义,还促进了中华文化共同体的迅速形成。

(二)"车同轨""行同伦"

"车同轨",秦始皇改变各国车轨尺寸不一的状况,将全国车轨统一为六尺,以加强政治的统一功能。

"行同伦",即统一人们的文化心理。秦始皇以政令、法律等形式,统一道德规范和法律规范,诸如"依法为教""禁止淫泆"等。秦帝国还在各地设置专掌教化的乡官,名曰"三老"。在颂扬秦始皇功德的秦代刻石中,至今仍然依稀可见到一批列举

---

① 郭沫若:《古代文字之辩证的发展》,《考古学报》1972年第一期。

着与"行同伦"相关的政治措施。

(三)统一货币、度量衡

秦始皇以法令的形式统一币制。战国时期各国货币本位制、单位和铸币的轻重、大小、形制都不一致。"及至秦,中一国之币为二等,黄金以溢名,为上币。铜钱识曰半两,重如其文,为下币。而珠玉、龟贝、银锡之属为器饰宝藏,不为币。"[1]根据实际需要,秦始皇依法统一币制并加强货币管理,还制定了中国现存最早的货币金融法规《金布律》及一系列有关法规。

统一度量衡也是秦始皇巩固国家统一与保障经济发展的一项重要措施。公元前221年,秦始皇发布诏书令,"一法度衡石丈尺"[2]。他统一了度量衡,规定了统一的度量单位和进位制。为了保证这项法令的贯彻落实,由中央政府向各级地方政府颁发统一制作的标准量器。凡制造度量衡器,都要刻上皇帝诏书全文。不宜刻字的陶器也用刻字木戳印上字样。从现存秦代量器看,秦始皇把商鞅变法时确立的度量衡标准推行到全国,也就是说,他以秦国的标准统一了各国在度量衡上有所不同的标准。

---

[1] 《史记·平准书》。
[2] 《史记·秦始皇本纪》。

五、重视与强调以法治国

秦始皇是一位非常重视"以法治国"的封建皇帝。秦帝国是一个厉行"法治"的封建王朝。秦始皇深受法家思想影响,重视以法为治。他公开宣称以法治国,把法作为治国之本,立法度,行法治,任狱吏,严刑罚。正是因为秦始皇对法治的高度重视,使得秦帝国的政治模式和秦始皇的统治方略与后世很多王朝有所不同而别具特色。

秦始皇比较全面地实践着法家的法治理念。秦帝国的群臣颂扬他:"皇帝临位,作制明法,臣下修饬。……治道运行,诸产得宜,皆有法式。"[①]后世也有人以"繁法严刑而天下振""禁暴诛乱而天下服"[②]来评说他。秦始皇汲取先秦法治思潮的各项成果,基本上将有关的法治理念贯彻到了秦帝国的政治实践中。

(一)秦始皇是一位"因道全法"的皇帝

这一点可以从三个重要事实推定:一是秦始皇十分欣赏韩非的政治学说,而韩非坚信道是"万物之始""是非之纪",国家

---

① 《史记·秦始皇本纪》。
② 《汉书·刑法志》。

法制、治国之道、赏罚之术等等，都因道而设，依道而行。二是秦始皇相信阴阳家的"五德终始"说，并依据"水德"确定了秦帝国的政治模式和法制风格，而阴阳家相信一切根源于道，"五德终始"则是天道运行在政治上的体现。三是秦朝的三公、九卿、博士大多有法家或儒家学术背景，都相信法据于道。自百家争鸣以来，道或天（天道）一直是中国政治哲学的最高范畴，它必然被历代统治者引为一切政治活动的最高依据，秦始皇也不能例外。

（二）秦始皇是一位重视立法定制的皇帝

秦始皇集先秦法学理论和法制实践之大成，在"天下大定"之后，以法为本，逐步建立"法令由一统"的国家制度。秦始皇自诩大小政务"皆有法式"，"除疑定法，咸知所辟"，实现了"职臣遵分，各知所行，事无嫌疑。黔首改化，远迩同度"。群臣颂扬他"大圣作治，建定法度，显箸纲纪"，"普施明法，经纬天下，永为仪则"。[①]李斯也称赞秦帝国"明法度，定律令，皆从始皇起"[②]。正是因为秦始皇重视完善法制与倡导以法治国，秦帝国有关的法律、法规体系相对比较健全和完备。

---

① 《史记·秦始皇本纪》。
② 《史记·李斯列传》。

(三) 秦始皇是一位热衷普及法制的皇帝

秦朝的法制具有公开性。秦律在依法规定臣民必须履行某种义务时，总是先宣布对于违反者的处罚手段及其量刑标准，以明令禁止、事前告诫乃至威吓的方式，敦促臣民履行义务。秦始皇明确规定：秦朝各级官吏都要学习法律，精通法律，他们有责任向民众宣讲法律，并回答有关法律问题的咨询。《语书》为秦帝国各级政府官员注意成文法的公布及国家法制的宣传、教育工作提供了一个可靠的范例。《内史杂》规定有关官吏必须及时抄写其职责范围内所需要的法律。《法律问答》还明确规定：官员必须及时地、正确地解答百姓的法律咨询，否则有可能负连带法律责任。在这一方面，秦始皇的理念和行为完全符合法家学说的要求。

(四) 秦始皇是一位善于依法施治的皇帝

为了使秦帝国政治"合五德之数"，秦始皇"刚毅戾深，事皆决于法"。为了有效贯彻法制，秦始皇建立了以法吏为基干的官僚体系。与历代王朝相比较，秦王朝的法吏体制和法吏责任制颇具特色。秦帝国尚法而治，因此法律和法吏在政治生活中的地位和作用与其他朝代有所不同，有关体系之完备和制度之严密也非常突出。从现存文献看，在通常情况下，秦始皇注意依据制度和法律实施统治，办理政务。历史事实表明，秦政之得与秦政之失皆与秦法制定与实施之好坏有着密切的关系。

（五）秦始皇是一位依法严格治吏的皇帝

秦始皇对违法的权贵、官吏严惩不贷，在很大程度上贯彻了"不别亲疏，不殊贵贱，一断于法"①这条法治原则。在国家法律面前，一律平等，只要触犯法律，无论贵贱亲疏，都要受到制裁。为了保证国家法制得以贯彻，秦始皇在方略上实行"事皆决于法"，司法官吏很难违法定罪科刑或贪赃枉法而不受惩处。②

总之，在政治理念上，秦始皇的思路是法律至上，其基本政治模式就是将国家治理统一于"法治""法吏""法教"。秦始皇对法制和"法治"的重视和强调居历代皇帝之首。在政治实践上，秦王朝前期的依法为治也堪称典范。汉代以降，历代王朝都奉儒家学说为统治思想的基干，提倡以"礼""德""仁"为主的政治方略，大大降低了"法"在国家政治、生活中的地位和作用。秦帝国和秦始皇也因此招致"专任刑罚"之讥。从这个意义上说，秦始皇可谓是中国古代史上唯一的一位高调落实以法治国的皇帝。

---

① 《史记·太史公自序》。
② 张分田著：《秦始皇传》，人民出版社2003年版，第445、446、447、451页。

第五章　治理转型与黄老治国
——刘邦治国论

尽管刘邦推翻了秦始皇的江山而建汉，尽管从此之后汉代的史书、官牍把秦帝国描绘得黑暗一片，但是，汉帝国君臣却毫不犹豫地承袭了秦帝国的全部国家制度，并且根据自己的实际情况采用了黄老治国之道，在政治上、经济上采取了清静无为、与民休息的政策，这不但让汉政权顺利实现了"秦果汉收"，而且还开创了中国帝制时代的第一个盛世——大汉盛世。从刘邦的作为来看，他称得上是中国历史上最伟大的政治家之一。

公元前206年，经过数年反秦战争，大秦帝国的统治大厦在陈胜、吴广、刘邦、项羽等为首的各阶层造反者的讨伐声中轰然坍塌。公元前202年，刘邦建汉。在大汉帝国建立与巩固的过程中，刘邦总结秦亡的历史教训，根据汉初的实际情况，在政治上推行了分封与郡县并轨并以郡县制为主的政治体制，采用了黄老治国，清静无为、与民休息的政策，这不但让大汉政权顺利得以巩固了下来，而且还促成了中国封建社会第一个盛世的迅速到来。

一、以秦亡为鉴，推行分封与郡县并轨制

周公实行的分邦建国曾经对中国政治的发展起到了十分重要的作用。但是，随着历史的发展，分封制的弊端也日渐显露。分封制是造成西周后期到春秋战国时期社会动乱和分裂割据的一个重要政治原因。秦始皇统一六国后，废除分封制，代之以郡县制，建立起中国历史上第一个中央集权制的帝国体制。然而，推行了八百年之久的分封制，毕竟已经深入人心，根深蒂固。秦统一后，原先的六国旧贵族仍在思念故土，而且统治者的暴政又使民众看不到统一的好处，人民不免对过去裂土分封的时代存有依恋之心。因此，秦亡之际，要求分封的呼声十分强大。作为一个成熟的政治家，刘邦审时度势，既尊重历史惯性，继续保留分封

制，同时又汉承秦制，大规模推行郡县制。因而，他的分封与郡县并轨制不仅没有重蹈周秦的覆辙，反而继秦之后建立起了一个统治长达二百余年之久的大汉王朝。究其原因，正在于刘邦正确处理了分封与统一的关系。

从历史上看，刘邦的分封大致可划分为三个阶段：一是在反秦战争和楚汉战争中对部将和各种势力的分封；二是称帝前后分封异姓王和功臣侯；三是在铲除异姓王的同时，对同姓王的分封。

第一阶段是刘邦集团的创业时期。这个时期，刘邦采用了以分封促进统一的正确做法。秦亡以后，刘邦和项羽成为争夺天下的主要竞争对手。基于对当时形势和人们的观念的认识，他们都采纳了分封制度。项羽是先于刘邦实行分封的。但两人对分封所采取的不同态度和策略造成了不同的结果。项羽出身于楚国的武将世家，割地而王、称霸一方，是其固有的观念。与项羽相比，刘邦则大为不同。他起自下层，没有过多的旧有观念束缚。尽管刘邦也意识到分封会对将来国家的统一带来不利因素，但他认为分封却是争取力量、孤立项羽、最终取得天下的最有效的办法。所以，刘邦利用了项羽的弱点和失误，在分封问题上形成了一个灵活应变、步步解决的战略思想。事实也证明，正是刘邦在与项羽争夺天下的过程中，巧妙灵活地运用了分封功臣这一做法，才赢得了人心，孤立了项羽，壮大了自己，最终以弱胜强，取得了胜利。

刘邦称帝完成统一大业后，又承认和分封了一批异姓王和功臣侯，这是刘邦分封的第二阶段。在这一时期，刘邦继续尊重历史，用分封来稳定统一的格局。

这次分封，刘邦是不得已而为之的。因为此时刚刚打败项羽，形势尚未稳定，原来的诸侯王和一些将领手中仍握有重兵。刘邦虽然明白分封之后，他们会成为巩固一统江山的威胁和阻力，但是刘邦更清楚自己的力量尚不足以镇压和钳制他们，如不满足他们的要求，一定又会造成背叛汉室而与自己争夺天下的祸起萧墙的局面。为稳定统一大局，刘邦明智地继续实行分封。刘邦虽不得已而为之，但并不甘心按诸侯王的意愿回归分封制的老路，他在分封中采取积极的措施对诸侯王加以限制，并为日后削除他们做好准备工作。在分封过程中，刘邦对这些列侯的权力做了适当的限制。分封之后，列侯虽有侯国，但却无治民之权。侯爵一般都在京城。侯国设相，其相职和县令相同，由中央任免，归所在郡管辖。侯国相只对列侯负责每年所得租税。因此，列侯与侯国相以及封户的人身依附关系非常薄弱。刘邦这样做，既对功臣裂土分封的要求采取了必要的妥协，政治上给其名位，同时又不予实权，实行一定的限制，从而稳定了新王朝的统治秩序，避免了侯国封邑成为封君独霸一方的领地。历史表明，刘邦这一时期的分封，不仅不是倒退政策，反而是现实有益的措施。它有助于团结各种力量，稳固新的统一政权，从而为新政权的建设和皇权的加强赢得了时间。

刘邦第三阶段的分封是在铲除异姓王的同时，分封同姓王，目的是用分封维护统一。刘邦从称帝一直到去世（公元前195年）为止，重起征战之师，初封的八个异姓诸王被铲除掉七个，解除了心头之患。刘邦在铲除异姓王的同时，又大封同姓王，其用意是鉴于"汉兴之初，海内初定，同姓寡少，惩戒亡秦孤立之败，于是剖裂疆土，立二等之爵。功臣侯者百有余邑，尊王子弟，大启九国"[1]。也就是说，刘邦是在接受秦没有实行分封子弟因而导致速亡的教训的基础上，才决心分封刘氏子弟，屏藩皇室，维护汉室统一江山的。刘邦先后分封荆王刘贾、楚王刘交等十一个同姓诸侯王，统辖异姓王故地，并杀白马为盟，立誓："非刘氏而王者，若无功，上所不置而侯者，天下共诛之。"[2] 刘邦并没有忘记西周分封的历史教训，所以在分封同姓王时，没有完全效法西周。首先，刘邦对同姓王的分封只是局部分封，所封的十一个王的辖区，仅限于原来异姓王的故地，中央所辖的中心地区和重要地区并没有分封。另外，在实行分封的同时，仍然推行郡县制。这样全国的行政区划就形成为一种郡县制占主导地位的郡国并行

---

[1] 《汉书·诸侯王表》。
[2] 《史记·汉兴以来诸侯王年表》。

制，这对诸侯王的发展起到了抑制作用。①历史证明，实行分封与郡县双轨制度，确实是刘邦政治管理的成功实践。刘邦的分封实际上不过是袭取了西周分封制的外壳，从根本制度上，他还是继承了秦帝国的郡县官僚制度，这对中国后世政治体制的发展，产生了决定性的影响。

二、总结亡秦教训，成功实现治国理念转型

大汉帝国是在秦王朝的废墟上建立起来的。汉高祖刘邦公元前209年起兵反秦，公元前202年称帝，公元前195年离开人世，活了62岁，实际参政14年。在这14年中，他发动起义，推翻秦王朝，与项羽楚汉相争，登上皇帝宝座，翦除一个个异姓王，每一事件都给史家提供了丰厚的素材，在中国历史上留下了一个大大的惊叹号。这是戎马倥偬的14年，这是风云变幻的14年，也是惊心动魄的14年。如果从公元前202年刘邦登上皇位算作他开始正式治理国家的话，他在位仅七年。也就是说，在他实际参政的14年中，前七年戎马倥偬，奋斗的目标是夺取权力，建立国家，一统天下。而夺取政权后，从公元前202年起，则面临着要转变治国理

---

① 曹家齐：《刘邦分封与西汉统一政权的建立和巩固》，《徐州师范学院学报》（哲学社会科学版）1993年第一期。

政思路，确立治国理念的新问题，也就是要将治理国家的中心从打天下转移到巩固政权、治理国家上来。在这种情况下，确立何种思想作为统一政权的意识形态，就不可避免地摆到了汉初君臣的面前。

从史料上看，刘邦本人对这个转变的思想准备相对不足。十几年的征战生涯，无数次大大小小攻城略地的战绩，一个又一个战争对手和政治敌手的灰飞烟灭，不能不使他坚信"马上得天下"、一切都要凭实力说话的真理。作为一个深谋远虑的政治家，他的雄才大略更多的是一种政治家的务实态度和统治艺术，用什么人、采纳哪种理论都要服务于夺取天下这个最大的政治目的，符合这个目的的策略就毫不犹豫地采用，而有碍于实现这个目的的策略则遭到他毫不留情的遗弃。

据《史记》《汉书》等史料记载，登上皇帝的宝座后，刘邦自己也在反思之所以得天下的原因，请看刘邦与群臣的下面一段对话：

高祖曰："列侯诸将无敢隐朕，皆言其情。吾所以有天下者何？项氏之所以失天下者何？"

高起、王陵对曰："陛下慢而侮人，项羽仁而爱人。然陛下使人攻城略地，所降下者因以予之，与天下同利也。项羽妒贤嫉能，有功者害之，贤者疑之，战胜而不予人功，得地而不予人利，此所以失天下也。"

高祖曰:"公知其一,未知其二。夫运筹策帷帐之中,决胜于千里之外,吾不如子房。镇国家,抚百姓,给馈饷,不绝粮道,吾不如萧何。连百万之军,战必胜,攻必取,吾不如韩信。此三者,皆人杰也,吾能用之,此吾所以取天下也。项羽有一范增而不能用,此其所以为我擒也。"[1]

刘邦将自己成功的原因归结为正确用人,确实看到了问题的关键所在。刘邦手下很多为他夺取天下立下汗马功劳的出色的谋略家和军事家,除了张良出身于韩国的世家外,其余大都出身低微,萧何、曹参是沛县吏、掾,韩信是无业游民,郦食其是乡里守门者,樊哙以屠狗为事,夏侯婴为沛厩司御,周勃以织苇席为生,灌婴以贩缯为业。从中可见,他所使用的人都是为了实现夺取政权的政治目的服务的,多是出于功利的考虑,而不论其出身。由此也不难看出,刘邦政治集团中的重要人物多为行伍出身,正如司马迁所说:"自汉兴至孝文二十余年,会天下初定,将相公卿皆军吏。"[2]班固也说:"孝惠、高后时,公卿皆武力功臣。"[3]

由此看来,汉初刘邦不用儒者,没有将儒学纳入治理国家的

---

[1] 《史记·高祖本纪》。
[2] 《史记·张丞相列传》。
[3] 《汉书·儒林传》。

通盘考虑中也自是当然。刘邦不好儒天下皆知,以致郦食其前去求见时不敢说明自己的身份。他曾经把儒者的帽子拿来当溺器,动辄大骂儒生。他骂说客郦食其是"竖儒"①,讨厌叔孙通身穿儒服。所以,当新王朝建立之初,陆贾给他讲儒家的《诗》《书》时,难怪他会大为光火:"乃公居马上而得之,安事《诗》《书》!"②这说明"马上得之"的思维定式仍然在左右他对国家时政和前景的判断。可当陆贾给他继续分析"马上得之"与"马上治之"的不同,著《新语》十二篇呈送给他之后,刘邦对陆贾、儒学和儒生的态度就发生了微妙的变化。据司马迁在《史记·郦生陆贾列传》中记载:

> 陆生曰:"居马上得之,宁可以马上治之乎?且汤、武逆取而以顺守之,文武并用,长久之术也。昔者吴王夫差极武而亡;秦任刑法不变,卒灭赵氏。向使秦已并天下,行仁义,法先圣,陛下安得而有之?"高帝不怿而有惭色,乃谓陆生曰:"试为我著秦所以失天下、吾所以得之者何,及古成败之国。"陆生乃粗述存亡之征,凡著十二篇。每奏一篇,高帝未尝不称善,左右呼万岁,号其书曰"新语"。

---

① 《史记·郦生陆贾列传》。
② 《史记·郦生陆贾列传》。

刘邦对儒学态度的变化可以从下列四项史料窥见一些端倪。

1. 刘邦起用儒生叔孙通制订朝仪，使诸侯群臣尊卑有别、进退有序。据《史记·叔孙通列传》记载，刘邦做了皇帝以后，他的功臣们经常"饮酒争功，醉或妄呼，拔剑击柱"，这令刘邦感到很是恼火。儒生叔孙通趁机向刘邦进言，"愿征鲁诸生，与臣弟子共起朝仪"。史载：

> 汉七年，长乐宫成，诸侯群臣皆朝十月。仪：先平明，谒者治礼，引以次入殿门，廷中陈车骑步卒卫宫，设兵张旗志。传言"趋"。殿下郎中侠陛，陛数百人。功臣列侯诸将军吏以次陈西方，东向；文官丞相以下陈东方，西向。大行设九宾，胪传。於是皇帝辇出房，百官执职传警，引诸侯王以下至吏六百石以次奉贺。自诸侯王以下莫不振恐肃敬。至礼毕，复置法酒。诸侍坐殿上皆伏抑首，以尊卑次起上寿。觞九行，谒者言"罢酒"。御史执法举不如仪者辄引去。竟朝置酒，无敢欢哗失礼者。

叔孙通制定了一套能显示出帝王之尊的朝仪，令刘邦感受到了作为皇帝的权威与尊严，"今日始知为皇帝之贵也"，于是将叔孙通擢升为太常，赏五百金。刘邦对儒者态度的改变，表明他认识到了儒学虽"难与进取"，但"可与守成"的功用。

2. 任用儒者为太子太傅。"汉九年，高帝徙叔孙通为太子太傅"①，这表明，刘邦将培养汉室接班人的重任交给了儒者。

3. 刘邦晚年曾写《手敕太子》的诏书，追悔自己对儒学的态度。"吾遭乱世，当秦禁学，自喜，谓读书无益。洎践祚以来，时方省书，乃使人知作者之意。追思昔所行，多不是。"②

4. 礼遇儒家创始人孔子。"汉十二年，过鲁，以大牢祠孔子。"③

尽管刘邦在位七年就离开了人世，尽管在这七年中尚未立稳脚跟的新兴汉政权的当务之急是要一一翦除所封的异姓王，即"尚有干戈，平定四海，亦未暇遑庠序之事"④，尽管刘邦转而对儒学的青睐更多的是出于实用功利的考虑，但从历史事实来看，刘邦对儒学的态度确实发生了一些实质性的变化。虽然，刘邦之后的文景时代直至武帝之前的几十年汉朝官方奉行的主导思想是黄老之术，但这并不意味着儒学在汉初销声匿迹，相反，它正在蓄势待发。到汉武帝时儒学能够确立起独尊的地位，应该说是汉帝国开创者刘邦对儒学态度的转变奠定了这一政策的基本走向⑤。

---

① 《史记·叔孙通列传》。
② 转引自徐复观：《两汉思想史》第二卷，华东师范大学出版社2001年版，第65页。
③ 《汉书·高帝纪》。
④ 《史记·儒林列传》。
⑤ 参见关健英著：《先秦秦汉德治法治关系思想研究》，人民出版社2011年版，第156—159页。

三、与民休息，取用黄老之术治国

西汉王朝建立之初，由于长期的战乱，经济凋敝，民力困乏。皇帝乘车，甚至不能找到同一种毛色的四匹马，将相们有的只能乘牛车。汉初君臣们多起自社会中下层，他们熟知民间疾苦，为顺应百姓的要求，这就需要采取宽松的政策治理社会，黄老之术于是顺理成章走上了历史舞台。刘邦在建立汉帝国后，认真汲取了秦王朝迅速灭亡的教训，顺应当时的政治形势和民心所向，采取与秦政权严法苛刑政策相反的治国方略，用黄老之策休养生息，宽刑薄赋，还利于民，依法治国，安定社会，从而开启了继之而来的"文景之治"，奠定了汉代数百年江山的基础。

黄老思想是战国时期一批名士假托黄老之言，以老子道家学说为主旨，同时兼采儒、法、名、墨众家之长而形成的一套颇具特色的治国理论体系。无为而治是黄老思想最根本的特点。黄老思想形成于战国时期，盛行于秦汉之际，对西汉初年统治者的治国理政产生了重大而深刻的影响。

作为汉代的开国者，刘邦是汉代黄老之学的首推者，他的治国实践见证了黄老思想在汉初如何走向官方意识形态，并逐步发挥作用的全部过程。

张衡说："黄者，黄帝也，老者，老子也。黄老之操，身临其境恬淡，其治无为。"刘向在《列子新书目录》中也言："列子者，……其学本于黄帝老子，号曰道家。道家者，秉要执本，清虚无为，及其治身接物，务崇不竞。"秦汉时期黄老思想或称黄老，或曰道家，其实为一。它渊源于老庄之学，以道为本，以"无为"为思想内核，无为而治构成其基本的政治主张。但是，"其为术也，因阴阳大顺；采儒墨之善，撮名法之要，与时迁移，应物变化"，经过战国、秦、汉三代的不断完善，黄老思想的"无为而治"较之老庄之义已经有了很大的发展和变化。其基本要点主要包括：

1. 清静无为。清静无为是黄老无为而治思想的核心。《新语·无为》中说："夫道莫大于无为，行莫若无忧民之心，则天下治。"不干涉主义成为黄老思想最基本的治国和处世原则，但是，此种不干涉主义并不等于传统道家的"道法自然"。黄老思想的清静无为，其最终目的是因势利导下的无所不为。最终目的还是在有为。

2. 任性当分。"任性当分"是黄老思想最根本的政治理想，是奉行清静无为原则的必然结果。关于任性当分的理想境界，汉初黄老思想的代表人物陆贾曾有过完整的勾勒："是以君子之为治也，块然若无事，寂然若无声，官府若无吏，亭落若无民，闾里不讼于巷，老幼不愁于庭；近者无所议，远者无所听；邮驿无夜行之吏，乡间无夜召之征，犬不夜吠，乌不夜鸣；老者息于堂,丁壮者耕耘于田,在朝者忠于君,在家者孝于亲。于是赏善罚恶而润色之,兴辟雍庠序而教诲之。然后贤愚并议,廉鄙异科,长幼异节;上下有差,强弱相扶,大小相怀,尊卑相承,雁行相随。不言而信,不怒而威,岂恃坚甲利兵,深刑刻法,朝夕切切而后行哉?"这是对老子"小国寡民"理想社会和庄子"至德之世"的进一步补充与发展,也是对传统道家无为而治思想的重大突破。

3. 德法并举。对于德与法,老庄基本持否定态度。而黄老思想则不然,它反其道而行之,将"无为之治"直接建构于德和法的基础之上,并就此在政治上形成了一套相对完整的德、法理论。就法治而言,黄老思想认为,"道生法。法者,引得失以绳,而有曲直世。故执道者生法而弗敢犯世,法立而弗敢废也","故执道者之观于天下也,无执也,无处也,无为也,无私也。是故天下有事,无不自为刑名声号矣。刑名已立、声号已建,则无所逃匿正矣"。法由道所生,它的功能是明是非曲直。有了法,就可以立刑名,建声号,也就容易达到"无为""无私""无执""无处"的境界。就德治而言,黄老思想肯定了道家"失道而后德,失德而后仁,失仁而后义,失义而后礼"的基本主张,但也提出"仁者道之纪,义者圣之学","谋事不并仁义者后必败"。陆贾认为,"是以君子握道而治,据德而行,席仁而立,杖义而强,虚无寂寞,通动无量",符合自然无为原则的仁义德化也是必需的。由此可见,以无为而治为核心的黄老思想虽脱胎于老庄,但又超越于老庄。它以道为本,但又儒法兼具。然而,正是这种思想特质,使黄老思想契合了汉初社会、政治、经济以及统治者的个人需要,在西汉初年走到了历史的前台。

首先,黄老之术适应了汉初"天下初定"时改变贫弱经济状况的客观需要。经过秦末农民战争和楚汉战争后建立起来的汉政权,人口锐减,土地荒芜,民生凋敝。当时,统治者是"天子不能具醇驷,而将相或乘牛车"。普通民众的生活更是艰难,"民失作业,而大饥馑(馑)"。面对此种"天下匈匈,劳苦数岁,成败未可知"的局面,统治者实不敢妄为。"君臣俱欲休息无为"在当时既属必然,又属明智。

其次,黄老之术成为秦朝以法治国失败的反拨。汉帝国建立在秦王朝的废墟之上。汉初统治者为避免重蹈覆辙,曾再三对秦亡汉兴的原因进行反思。他们无不认为,事愈烦而天下愈乱,法愈滋而奸愈炽,兵马益设而敌人愈多,秦亡的原因在于举措暴众和用刑太极。因此,秦代以法治国的失败要求汉初统治者对黄老的无为而治给予更多的关注。

最后,它契合了汉初统治集团的文化传统。黄老思想贯通道、儒、法,"指约而易操",是一套开放而灵活的思想体系。这容易为刘邦等无教养的军功之人所接受。

在政治管理方面：

第一，君佚臣劳，分任责成。"人主之术，处无为之事，而行不言之教。清静而不动，一度而摇，因循而任下，责成而不劳。"君佚臣劳、分任责成是黄老思想基本的执政观。刘邦深谙此道，他先后提出"功人"和"功狗"的概念。据《史记·萧相国世家》记载："汉五年，既杀项羽，定天下，论功行封……高祖以萧何功最盛……功臣皆曰：'臣等身被坚执锐，多者百余战，少者数十合，攻城略地，大小各有差。今萧何未尝有汗马之劳，徒持文墨议论，不战，顾反居臣等上，何也？'高帝曰：'诸君知猎乎？'……夫猎，追杀兽兔者狗也，而发踪指示兽处者人也。今诸君徒能走兽耳，功狗也。至如萧何，发踪指示，功人也'。"刘邦此处所言涉及的虽是众臣之间的关系，但他揭示的却是领导与被领导的关系。泛化开来，无疑与黄老道家"君无为而臣有为"的理论有着极大的相通之处。

第二，重申纲纪，去苛以宽。"无为"是"道"的应用，是指在制度法律已备的情况下，君王"垂拱而治"。刘邦对此了然于胸。早在其西入咸阳时，就"召诸县父老豪杰曰：父老苦秦苛法久矣，诽谤者族，偶语者弃市……与父老约法三章：杀人者死，伤人及盗抵罪。余悉除去秦法"。一统天下后，又因"四夷未时，兵革未息，三章之法不足以御奸"，而令萧何"捃摭秦法，取其宜于时者，作律九章"，同时命"韩信申军法，张苍定章程,叔孙通制礼仪",加强制度建设。

第三,一承秦旧,巧施分封。为保持政权稳定,在行政建制方面,刘邦"一承秦旧"。从中央到地方郡、县、乡、亭各级组织基本上保持了秦代旧貌,而未对中央集权的本质做丝毫的改变,但是在具体的管理方式上他却做了相当大的调整。他大封功臣、兄弟、子侄,让他们分赴各地为王,实行郡县制与分封制并存的行政体制,以收"屏障王室"的功效。

在经济发展方面,在黄老无为而治思想的指导下,刘邦也推行了一系列休养生息的改革措施:

第一,崇俭禁奢。为防止过分地掠民、扰民,刘邦从适欲开始,提出要崇俭禁奢,量入为出。早在西汉建国之初,萧何兴造未央宫,他就狠狠批评道:"(天下)劳苦数岁,成败未可知,是何治宫室过度也",减少不必要的开支。对于必要的财政支出,刘邦也严格财政管理,"量吏禄,度官用,以赋予民",尽量减轻人民负担。

第二,轻徭薄赋。汉初"民失作业,而大饥馑……人相食,死者过半"。面对此种民生凋零的局面,为恢复生产,刘邦轻徭薄赋,放宽政策。在其未入咸阳而军次霸上之时,关中父老以酒食劳军,他辞谢不受,以示与民更始。建国伊始,他便决定"轻田赋","什伍而税一",同时对新开垦的田地在头几年给予完全免赋的优待。这种轻徭薄赋政策在我国历史上是少见的。

第三,"驱民而归之农"。农业繁荣是封建经济发展的基础。为发展农业改善百姓的生存状况,刘邦把"重本抑末"作为发展经济的基本国策,强调农业为"天下一步之本",并采取了一系列"驱民而使之农"的具体措施。据《汉书·高帝纪》记载,高帝五年,刘邦下诏:"民以饥饿自卖为人奴婢者,皆免庶人。"并根据法令每人还可受田20~30亩,使之成为政府的"编户齐民",从而使自卖为奴的这部分人获得解放。同时,对逃亡的"聚保山泽"的农民也给予优惠政策,分给土地和房屋,使之回归故里,安心生产。诸如此类政策的推行不仅提高了农民的生产积极性,而且也有利于消除"流民"等不稳定因素的影响,这对巩固汉政权起到了很好的作用。

综上所述,在黄老无为而治思想的指导下,刘邦实行清静无为和与民休息的治国方针,在政治、经济和社会治理方面均取得显著成就。主要表现在:第一,政治安定。在皇帝与封国、皇族与豪族、农民和地主等关系问题上,刘邦采取的一系列行之有效的政策和措施,使其得到很好的解决。西汉政权由此从动荡走向稳固和强大。第二,经济繁荣。经过刘邦及后继者的努力,随后几十年的经济发展使汉帝国迎来了全面的繁荣。据《汉书·食货志》记载:"至武帝之初七十年间,国家无事,非遇水旱,则民给家足,都鄙廪庾尽满,而府库余财,京师之钱累钜万,贯朽而不可较,太仓之粟陈陈相因,充溢暴积于外,腐败不可食。"第三，百姓安居乐业，社会矛盾缓和。在国家富裕的同时，民众生活也逐渐富足起来。《律书》称："故百姓无内外之徭，得息肩于田亩，天下殷富，粟至十余钱，鸣鸡狗吠，烟火万里，可谓和乐者乎其又言。""太史公曰：文帝时，会天下新去汤火，人民乐业，因其欲然，能不扰乱，故百姓遂安。自年六七十翁亦未尝至市井，游敖嬉戏如小儿状。孔子所称有德君子者邪！"这清晰地勾勒出汉初人民安居乐业的生活图景。很显然，这与黄老思想的社会理想也颇具相似之处。

四、审时度势，以法治国

汉朝初定，汉高祖君臣清楚地看到，本来秦国经过商鞅变法，成效显著，威服诸侯，统一格局奠定，但秦始皇平定六国后却为所欲为，横征暴敛，使百姓陷入苦难的深渊，而且刑罚苛刻，百姓稍有触及，就遭残酷镇压，一人犯法，祸及三族，一家违法，邻里连坐，造成"刑者相伴于道，死人日积于市"的惨状。在此高压之下，人心思变，终于爆发了秦末农民战争，秦朝统治者则在吞下自己酿制的苦酒之后迅速灭亡。针对这一深刻历史教训，如何既改变秦朝的严刑苛法，又要依法治国，使汉王朝的政治社会秩序在法律的规定之下走上正常轨道，这是摆在汉初以刘邦为首的统治者面前的一个必须解决好的问题。这一重任，落在了丞相萧何的肩上。

萧何,沛郡丰县人,随刘邦起义夺取天下,因其"镇国家,抚百姓"之功,在汉兴功臣中排序第一,被封为酂侯,封地在今天的永城市酂城镇。作为汉初第一任丞相,萧何在巩固汉帝国政权、治理国家方面做出了巨大贡献,尤其是在稳定社会、制定国家法律等方面的贡献最大。萧何在刘邦提出"约法三章"的基础上为适应国家长期法制建设的需要,制定汉朝《九章律》。《九章律》是萧何在《秦法经》的基础上修订增补而成,既保留了历史上治国约民的积极成分,又剔除了暴秦残酷罪民的部分,对于稳定汉政权,稳定社会,起到了极大的作用。《九章律》不但通行两汉400年,对两汉的政治、经济、文化的发展起到了保障作用,而且还起到了承上启下的重要作用。说它承上,《九章律》是在前代的基础上,由李悝的《法经》和《秦法经》修订增补而成;说它启下,汉代以后,三国两晋南北朝隋唐的法制建设,其基本内容都是取自汉律,影响甚至延及明清时期。故而汉代《九章律》是中国历史上法律文化的代表和以法治国的范本[①]。

刘邦在西汉初期,一方面以文治礼仪理顺朝政,一方面根据前朝得失制定法律,以法治国,使汉初社会逐步走上了稳定繁

---

① 朱继彪:《汉兴时期高祖刘邦的治国理政方略》,《行政科学论坛》2015年第6期。

荣的道路。作为历史上有名的政治家，汉高祖刘邦在汉兴时期为巩固国家政权而采取的治理转型，采取儒、法、黄老兼治和与民休息的方略，为大汉帝国的兴盛做出了极大贡献。汉初的政治体制和经济制度为后世历代统治者所沿用，从传承历史文化角度来看，对当今国家治理思想和治理能力的现代化建设亦具有一定的启迪意义。在实现从马上打天下到马下治天下的转型过程中，刘邦显示出了其独具魅力的治理能力与领导能力。这笔宝贵财富，值得认真汲取与深入研究。

第六章　罢黜百家与大一统
——汉武帝治国论

汉武帝刘彻在位的半个多世纪中，北击匈奴，经营西域，设郡辽东，统一两粤、西南夷等地，使汉朝疆域大大超过了大秦帝国原来的版图。曹植称赞说："世宗（武帝）光光，文武是攘，威震百蛮，恢拓土疆，简定律历，辨修旧章，封天禅土，功越百王。"更重要的是，汉武帝在治国理政方面可谓开前人所未有。他罢黜百家，独尊儒术，用儒家学说作为治理国家的指导思想，开创了中国思想界的大一统。在尊儒的同时，他又博采百家，重视法治。他的霸王道杂用之法，开创了后世统治者治术的百代之风。

在中华五千年的政治文明史上，功业显赫的帝王有十几位之多，汉武帝刘彻即是其中一位少有的颇具雄才大略的封建帝王，毛泽东在其最雄伟词篇《沁园春·雪》中，直将其与千古一帝秦始皇并称。

汉武帝刘彻（公元前156—前87年），是汉景帝的次子。汉景帝先立长子刘荣为太子，后来刘荣因母亲栗姬失宠而被废，刘彻被立为太子。公元前141年，汉景帝死，他继承王位，将汉帝国的事业直接带上了鼎盛的时期。中国历史上在位时间最长的皇帝有三个人：第一位是清代的康熙皇帝，在位61年，其次是康熙皇帝的孙子乾隆皇帝，在位60年，第三位就是汉武帝了，一直做了54年皇帝。

汉武帝是汉王朝第四代传人，他的曾祖汉高祖刘邦打下天下，采取"与民休息"的国策，发展了社会经济，建立了帝国的基业。他祖父的长兄汉惠帝和汉惠帝的母亲吕后，以及祖父汉文帝、父亲汉景帝都是继承汉高祖的与民休息的国策，减轻赋税，增殖人口，开垦土地，春秋战国以来因为战乱被破坏的生产力重新得到了极大的解放，汉帝国的国力迅速增强。汉武帝在先人的基础上大展宏图，在文治和武功方面都建立了显赫的功业。过去史学家常常颂扬汉文帝、汉景帝时期是中国历史上最好的时期，并称之为"文景之治"。其实，汉武帝的时代才是中国历史上最好的时期之一，尽管汉武帝一生（特别是晚年）犯的错误不少，但他依靠国家政治、经济、文化、军事的强大实力,确实开创了中国历史上空前的"鼎盛之业"。他的雄才大略在中国历代封建帝王中非常突出,只有秦始皇、唐太宗和康熙大帝才可以与之比肩。他在位的半个多世纪中,开疆拓土,疆域版图大大超过了大秦帝国。他用儒家学说作为官方的意识形态,在尊儒的同时也博采百家,重视以法治国。他所开创的丝绸之路,不仅加强了当时中国与欧亚国家经济文化的往来,对于后世中国走向世界亦具有重要的启迪意义。

一、纠错补弊,加强中央集权

汉武帝在位期间,对于国家的内政与外交,大力改革。其所作所为,始终围绕着一个中心主题,这就是加强中央集权与巩固王朝统治,维护多民族国家的统一与稳定。主要表现在:

第一,推行"强干弱枝"、加强中央集权的政策。

面对"郡国并行"现状,尤其是鉴于汉景帝三年(公元前154年)"吴楚七国之乱"的教训,汉武帝推行"强干弱枝"的政策。元朔二年(公元前127年),他用主父偃之策,颁行"推恩令",使诸侯王得推恩分封子弟为侯,借以削弱王国势力。随后,因淮南王刘安、衡山王刘赐谋反,他又制订"左官之律"和"附益之法",严惩诸侯王官吏犯罪,严禁朝臣外附诸侯王,限制诸侯王结党营私。元鼎五年（公元前112年），汉武帝借口列侯所献酎金分量和成色不足，夺爵一百又六人。如此，"诸侯惟得衣食税租，不与政事"。

第二，加强对地方州郡县的控制。

元封五年（公元前106年），除三辅（京兆、冯翊、扶风）、三河（河南、河内、河东）和弘农以外，分全国地区为十三个监察区域，是为十三州部（冀、青、兖、徐、扬、荆、豫、益、凉、幽、并、交趾、朔方），每州部设部刺史一人，"以六条问事"，考察吏治，惩奖官员，断治冤狱。对于地方豪强势力，汉武帝任用酷吏，坚决予以打击。

第三，建立内外朝制度，削弱丞相职权。

汉初，丞相权力很大。随着社会的稳定，皇权与相权之间的矛盾逐渐暴露出来。在行政体制上，汉武帝提高"内朝"在决策机制中的作用，实行"内朝"决策、"外朝"执行的职权分工制度。"中朝"与"外朝"的分化，削弱了丞相与"外朝"的职权，形成以"中"驭"外"、以轻驭重的格局，使权力最终全部集中在皇帝的手中，便于决策与集中力量做成一些大事情。

二、开疆拓土，拓边置郡

清人赵翼在《廿二史札记》中说："仰思帝之雄才大略，正在武功。"

汉武帝在军事方面的显赫功业，主要体现在在大秦帝国原有疆域的基础上进一步开疆拓土、拓边置郡上面。

在北方边境，居住在中国北方边疆的匈奴部落，以其强悍的骑兵优势，侵扰中原一百多年。因限于国力，汉王朝无法与之抗衡。汉高祖曾倾全国兵力与匈奴战于平城（今山西大同市东北），终因军力不敌，而委曲求全地以"和亲政策"求得安宁。但尽管汉王朝不断给匈奴送去美女、金帛，匈奴还是侵扰不止。文景以来，汉匈之间一直是旋和旋战，和平时期少，武力相向时候多。汉武帝时，匈奴吞并了西域30多个国家，势力大增，更加频繁地向汉朝北方边境大举进犯。当时仅北方边境各郡，每年被虏杀的人口就有好几万，被抢夺的财产更是不计其数。汉武帝即位后忍无可忍，乃厉兵秣马、整饬军备，积极准备力量与匈奴决战，彻底解决匈奴扰边问题。

公元前138年，汉武帝派张骞出使西域，寻找反击匈奴的同盟军。与此同时，在陇西、代郡一带集结汉军主力，一面进行军事训练，一面寻找时机，打击匈奴。公元前133年，汉武帝采纳熟知匈奴事务的官员王恢的意见，在马邑（今山西朔州）布设口袋，企图引诱匈奴入塞，聚而歼之。这次动员的汉军兵力达30余万，可惜这个计划后来被匈奴单于识破，未获成功。公元前129年、128年、127年、124年、123年、119年，汉武帝多次派名将卫青、霍去病等统率大军与匈奴作战，深入匈奴后方消灭了匈奴军队主力。公元前119年的漠北大战是汉匈之间一次决定命运的大战，双方出动的兵力都在十万以上，在狂风沙砾中生死搏战。最后是汉胜匈败，匈奴单于仅率数百骑突围，向西北逃遁。汉军追逐到北海（今俄罗斯贝加尔湖）。此役汉军共杀虏匈奴九万余人，汉军自己亦损失几万人。《资治通鉴·汉纪》中对于此役予以了高度评价，指出从此"匈奴远遁，漠北无王庭"。汉武帝的抗匈战争取得了决定性的胜利，换来了国家北方边境长年的和平和安宁。

在东北边疆，解决了北方边防问题后，汉武帝又用兵东北。当时朝鲜为燕国人卫满及其后人占据。卫氏王朝常杀害汉朝边郡的官吏，汉武帝认为他们有意挑衅，乃派兵水陆并进，灭掉了卫氏王朝，在其地分设四郡，设置真番（治所在霅县，即今朝鲜礼成江、汉江之间）、临屯（治所在东暆，即今朝鲜咸镜南道北部）、乐浪（治所在朝鲜，即今朝鲜平壤市南）、玄菟（治所在沃沮城，即今朝鲜咸镜道）四郡。

在东南地区，汉武帝利用闽越、东瓯、南越等少数民族政权的内部矛盾，出兵平定闽越，又平定南越，分别加以征服，将其地置于汉帝国政府的直接管辖之下。在南越地区置南海（治所在今广东广州）、苍梧（治所在今广西梧州）、郁林（治所在今广西桂平西故城）、合浦（治所在今广西合浦东北）、交趾（辖境相当于今广东、广西的大部和越南的北部、中部，治所在今越南河内西北）、九真（辖境相当于今越南清化、河静两省及义安河东部地区，治所在今越南清化西北）、日南（治所在今越南广治省广治河与甘露河合流处）、珠厓（治所在今海南琼山东南）、儋耳（治所在今海南儋县西北）等九郡。

在西南方面，汉武帝派唐蒙、司马相如出使西南夷，说服夜郎和邛、筰归附汉朝，先后在西南设立犍为（辖境相当于今四川简阳、新津以南，云南东北部，贵州北部）、牂柯（今贵州大部及云南东部）、越嶲（今四川西昌地区、云南丽江、楚雄北部）、沈黎（今四川汉源一带）、汶山（今四川茂汶羌族自治区一带）、武都（今甘肃武都一带）、益州（今云南晋宁晋城）等七郡。于是，今福建、广东、广西、云南、贵州、四川等地均统一于西汉帝国。

三、兴修水利，发展经济

在发展经济方面，汉武帝亦有其一套成熟的办法与举措：

第一，兴修水利，发展农业。

汉武帝是秦汉时期兴修水利工程最多的一位皇帝。他虽然出身皇家，但却是一位懂得水利对农业生产重要性的皇帝。他为了巩固帝国统治，促进农业发展，首先在关中，继而在全国范围兴修水利。

据《史记·河渠书》和《汉书·沟洫志》中的记载,汉武帝时兴修的水利工程,其中较重要的如下:

1. 漕渠

元光六年(公元前129年),汉武帝采纳大司农郑当时建议,引渭穿渠,自长安终南山下,至黄河三百余里,三年而通,既便于运输,又灌溉民田万余顷。

2. 河东渠

漕渠建成后,河东郡守番系建议穿渠引汾河与黄河水灌溉河东土地。当时估计,渠修成后,年可增收谷物二百万石。汉武帝认为可行,"发卒数万人"开渠。但此渠修成后只用了几年,就因河道迁移而无法再用。

3. 龙首渠

汉武帝元封年间(公元前110—前105年),有个叫庄熊罴的人建议穿渠引洛水,灌溉关中重泉(在今陕西蒲城东南)以东的万顷盐卤恶地,每亩可增收十石。汉武帝采纳了这个建议,"发卒万人"穿渠引洛。但两岸地质条件不好,坍塌严重,建设者只好在地下开渠通水,十年才完工。此渠因为是从地下取水,效益不是很大,不过这个办法后来传到缺水的西域,人们按这个办法修建地下引水渠道,名之为"坎儿井","坎儿井"对当地的农业灌溉起了很大作用。

4. 治理黄河

汉武帝初年，黄河在瓠子（旧址在今河南濮阳境内）决口，淮泗一带连年被灾。元封二年（公元前109年），武帝东巡，发卒数万人治河，并亲临工地督促。竣工后，黄河几十年不再为患，东南16郡20多年的水患得以解决，当地农业生产得到恢复。

5. 朔方、西河、河西、酒泉水渠

据《汉书·沟洫志》中记载，瓠子堵塞黄河决口工程完成后，"用事者争言水利，朔方、西河、河西、酒泉皆引河及川谷以溉田"。这些工程所灌溉的土地数以万顷计，皆具有一定的规模。

6. 灵轵、成国、韦水渠

汉武帝元封年间，关中又有灵轵、成国、韦水三条水渠兴建，共灌溉土地万顷。其中包括周至、户县和渭河南，以及渭河北的眉县、扶风、武功、兴平、咸阳等地大片地区。

7. 六辅渠

这是著名的郑国渠的辅助工程。郑国渠是战国时秦国所建，至汉武帝元鼎年间已经用了130多年。此时左内史倪宽建议在郑国渠上游开掘六条辅助水渠，灌溉郑国渠旁边的高地。汉武帝批准了这一计划。六辅渠完成后，许多地势高的田地也得到了灌溉，充分发挥了郑国渠的灌溉作用。

8. 白渠

汉武帝太始二年（公元前95年），赵国中大夫白公建议穿

渠引泾河水，灌溉渭中平原。经汉武帝批准，工程很快上马。完成后，渠水流经泾阳、三原、高陵、临潼等地，灌溉田地4500余顷，产量大为提高。

除此之外，汉武帝期间修建的水利工程还有汝南、九江的引淮工程，东海郡的引巨定泽工程，泰山下的穿渠引汶水工程。这些工程所灌溉的田地面积也都在万顷以上。由于汉武帝的提倡和支持，全国各地兴建的其他小型水利工程不可胜计。可以说，汉武帝时期是中国古代兴修水利的高潮时期[①]。

第二，鼓励改进农具和耕种方法，增加农业生产。

汉武帝以赵过为搜粟都尉，教民耕植，其法二犁共一牛，一人将之，下种挽耧，日种一顷，取名耧犁。赵过的新法比旧法效率提高了四倍。

第三，抑制豪强兼并，限制过度剥削。

汉武帝时期，豪强地主和大商人，依靠他们的权势和财富，逐渐加重了对农民和其他小生产者的剥削。土地兼并和贫富两极分化日趋严重。为解决因贫富悬殊而激化的社会矛盾，汉武帝采取了许多抑制豪强兼并、限制过度剥削的措施。这些措施主要有：1. 多次把郡国的豪族富家迁入三辅，将他们在郡国兼

[①] 戚文、陈宁宁著：《两汉人物论》，东方出版中心2013年版，第160—163页。

并来的土地收为公田,再以较低租税租给农民耕种。2. 以商人"无得籍名田"的命令,没收他们占有的大量土地,并将这些土地转化为公田,租给农民耕种。3. 任用酷吏"锄豪强兼并之家",并命令刺史监察郡国,查问"强宗豪族田宅逾制,以强凌弱,以众暴寡"事项,犯者"大者灭族","小者乃死",家私充公。此外,汉武帝还屡次命令各级官府将所属公田、荒地、山林、园囿,特别是边郡的土地租给农民耕种,或实行屯垦,以缓解农民无地耕种、流离失所的状况。他抑制豪强,限制剥削,注意赈济灾荒,安置流民。特别是对赈济灾荒,一直抓得比较认真。

第四,实行盐铁国营,增加国库收入。

盐指晒制和熬煮海盐、池盐,铁即炼制钢铁以及用钢铁制造各种兵器和生产用具。这些物资都是社会重要的生活、生产资料。从战国以来,盐铁大都为豪门和富家所经营,他们利用盐铁"上争王者之利,下锢齐民之业",形成一股强大的与官民争利的中间势力。汉武帝时,抗匈战争耗费巨大,加上赈灾移民,国家财政出现困难,而盐铁富豪"冶铸煮盐,财或累万金,而不佐国家之急"①。汉武帝采纳公卿们的建议,下令在全国实行盐铁国营。盐铁国营之后,大大增加了国库收入,解决了抗匈战争和赈

---

① 《汉书·食货志》。

灾移民所需的数以万计的开支。

第五，建立平准、均输机构，调控物价，保障供应。

平准又名平粜、平籴，是战国时魏相李悝创立的一种调剂民食、平抑物价的措施。即丰年粮多时，由政府以平价买进粮食，存贮于粮仓；荒年缺粮时，再由政府以平价卖出粮食，以解决民生之疾苦。汉武帝将调剂民食扩大为调剂各种重要物资，要官府"贵则卖之，贱则买之"，谓之平准。

均输，就是从中央到地方设立货物的运输兼贸易机构，主管物资的采集、运送、售出事宜。均输的主要物资还是盐铁、粮食、布帛及其他生产、生活必需品。一般的操作是在各地采集价格低平的必需物资，运到京师和需要这些物资的地方，然后以稍高价格出售。这样既可以保证政府的物资供应，免除大商人中间剥削，又可以从中获得商业利润。民众也可以从均输中以较合理的价格买到生产、生活必需用品，免除"万物腾跃"之苦[①]。

四、打通丝绸之路，开拓中国与亚欧经济文化往来

抗匈战争胜利后，汉武帝派出许多使节到西域和中亚各国联

---

① 戚文、陈宁宁著：《两汉人物论》，东方出版中心2013年版，第164—165页。

系,开辟了中国通往欧洲的交通干线——丝绸之路,促使中国和外国的经济、文化交流出现了新局面。

据《史记·大宛列传》记载,西域是玉门关、阳关以西直至欧洲的通称。张骞通西域所去的大月氏在今阿富汗北部,乌孙在今伊犁河流域喀尔巴什湖、伊塞克湖地区。张骞派副使所到的康居在今喀尔巴什湖至咸海之间,安息在今伊朗高原东北部。李广利征伐的大宛在今中亚费尔干纳盆地,今乌兹别克斯坦或塔吉克斯坦境内。《史记·大宛列传》所载条支在今伊拉克境内;黎轩,即大秦,就是罗马帝国。这都说明《史记》中所说的西域是指玉门关、阳关以西直至欧洲的广大地区。汉武帝通西域是件意义重大的事情。晋代从战国魏王墓中发现了先秦古书《穆天子传》,记载了周穆王西游的故事,反映了中西交通的传说,中国的势力还未达到西域。"秦始皇攘却戎狄,筑长城,界中国,然西不过临洮"[1]。汉武帝通过经营西域,打通了中国和西方经济文化交往的通道,促进了中国与中亚、阿拉伯地区、欧洲、北非以及南亚次大陆在物产、科技、经贸、文化方面的互相交流,这一点有着重大的意义。近年以来,国际上对这条陆上的丝绸之路给予了经久不衰的关注,正说明了它在古代所起的重要作用。从这种意义上看问题,汉武帝时期中国所发生的一些事情,不仅对中

---

[1] 《汉书·西域传》。

国历史,而且对世界历史也有着不可忽视的重要影响①。

五、独尊儒术,统一官方意识形态

建元元年(公元前140年),汉武帝刘彻即位时,年仅17岁。

汉武帝虽然年少,但却有胆有识,雄才大略,一心要振兴朝纲,加强中央集权,巩固汉家天下。他认为儒家思想比黄老思想更适于他的需要,即位伊始,就采取了三项措施:

1. 起用儒生。建元元年(公元前140年)冬十月,"诏丞相、御史、列侯、中二千石、二千石、诸侯相举贤良方正直言极谏之士"。这些人主要是儒生。

2. 任用重视儒术的窦婴为丞相、田蚡为太尉,主持政府的要害部门。

3. 派人束帛加璧,安车驷马迎接著名儒生申培公入朝。申公是《诗》学大师,又是御史大夫赵绾、郎中令王臧的老师,名重当时。武帝迎申公,"欲议古立明堂城南,以朝诸侯",以及草拟巡狩、封禅、改历、服色等改革事项。

汉武帝的这些措施引起了黄老派的不满。

建元二年(公元前139年),御史大夫赵绾建议"毋奏事太

---

① 杨生民著:《汉武帝传》,人民出版社2001年版,第217、218、243页。

皇太后",终于引发了汉武帝和窦太后之间的矛盾。窦太后逮捕了赵绾、王臧,令他们自裁。窦婴、田蚡被免职。在以窦太后为代表的黄老派强力反击下,汉武帝只得暂作让步,将申公送回家乡,诸所兴为者皆废。

但是,在挫折面前,汉武帝并没有打消"崇儒"的信念。

建元元年(公元前140年)十月,汉武帝诏举贤良方正时,丞相卫绾建议:"所举贤良,或治申、商、韩非、苏秦、张仪之言,乱国政,请皆罢。"这个建议深合汉武帝之意,从此成为选用人才的重要政策。窦太后去世后,汉武帝"绌黄老刑名百家之言",广泛招揽儒学之士,"延文学儒者以百数",封以官职。

最为引起朝野震动的是,汉武帝将布衣出身治《春秋》的公孙弘拜为丞相,封平津侯,食650户。这件事使儒学的政治地位急剧提高,学习儒术成为士人们寻求政治出路、谋取利益的最热门途径,致使"天下之学士靡然乡风矣"。汉武帝就是通过大量征用儒学之士的手段,在政治上促成了崇儒局面的形成。

为了实现政治指导思想的转换,汉武帝还多次下诏策问"治乱之事"。他曾满怀希望地询问申公。申公说:"为治者不在多言,顾力行何如耳。"这显然不符合汉武帝的要求,汉武帝很失望。后来,公羊学大师董仲舒解决了这个疑难问题。他在对策中提出:"治乱废兴在于己。""《春秋》大一统者,天地之常经,古今之通谊也。今师异道,人异论,百家殊方,指意不同。

是以上亡以持一统；法制数变，下不知所守。臣愚以为诸不在六艺之科、孔子之术者，皆绝其道，勿使并进。邪辟之说灭息，然后统纪可一，而法度可明，民知所从矣。"在董仲舒看来，思想混乱必然导致动乱，百家"邪辟之说"不利于汉家一统天下的稳固，必须断绝其政治出路，"勿使并进"。唯有儒学讲求"大一统"，宜定为一尊。汉武帝采纳了这个建议。建元五年（公元前136年），"置五经博士"，儒学代替黄老之学成为官方政治学说，儒学典籍成了国家教科书。汉武帝终于举起了独崇儒术的旗帜，初步实行了政治指导思想的转换。

建元六年（公元前135年），窦太后病卒，汉武帝崇儒的最大障碍去掉，从此他开始逐步实现其崇儒的目标。翌年初，令郡、国荐举孝、廉各一人。元朔五年（公元前124年），为五经博士置弟子员。元封元年（公元前110年），"封泰山"。元封五年（公元前106年），"始拜明堂如郊礼"。太初元年（公元前104年），修正历法，"以正月为岁首。色上黄，数用五，定官名，协音律"，终于实现了当年"立明堂封禅改历服色"的初衷。

汉武帝经过几十年的努力，为汉帝国找到了较之黄老之学更为适用的政治理论。他看到，儒学的尊君、礼制等级和忠孝思想有助于维护君主的权威，儒家的德治教化也是束缚人们思想的重要手段。对于专制统治者来说，严密控制人的思想意志与约束人的行为同等重要。儒家的德治仁政学说又能为君主政治进行某种修饰和补充，特别是儒家的各种仪制典章，可以将专制主义暴力统治装点得温情脉脉。因而，汉武帝之崇儒，并非以儒家政治学说作为其全部政策的出发点，而是注重儒术的"文饰"的功能。正如司马光所说，汉武帝"虽好儒，好其名而不知其实，慕其华而废其质"。不过，经过汉武帝的擢升，儒学终于有了官方身份，走上了与政权治理相结合的道路。以后经过历代君主一再确认，儒学始终占据国家政治指导思想的宝座，成为中国传统政治思想的主流，对于中国传统社会的政治、经济、文化等方面的发展均产生了极其深远的影响。

汉武帝通过罢黜百家，表彰《六经》，尊崇儒学，实现了政治指导思想的转换与定型。然而，这并不说明他一味笃奉儒学。作为一个拥有无限权力的独裁者和传统政治家，他不会拒绝任何一种有利于巩固政权的政治理论。只要有益于君主政治，什么样的思想、主张都会被汉武帝所采用，这是政治家与学者的区别所在。再者，汉初诸子之学有别于秦，亦不同于汉中期以后，各个流派之间的交融合流成为时尚。许多著名思想家和政治家都是杂学之士，如陆贾兼学儒道，贾谊兼及儒法，董仲舒以阴阳五行融入公羊《春秋》，主父偃"学长短纵横术，晚乃学《易》《春秋》、百家之言"；公孙弘"少时为狱吏"，后来"乃学《春秋》杂说"。汉武帝在这样的学风熏陶下，自然不会固守一说。他明倡儒学，实际兼采百家，杂用王霸之术。

据刘泽华总结，汉武帝的政治思想具有下列四个特点：

1. 求变。汉武帝登上政治舞台之际，西汉王朝正处于发展的转折关头。汉武帝对形势的认识十分清楚，他反对墨守成规，多次提出要"变"。他说："朕闻天地不变，不成施化，阴阳不变，物不畅茂。"变是事物发展的必要条件，同样，对国家政策原则做适度调整，也是成就丰功伟绩的重要前提，所以"五帝不相复礼，三代不同法"。汉武帝所说的变主要是指从实际政治要求出发，根据不同情况将施政方针作灵活的调整。他对儒家的权变思想领会颇深，曾评论说："盖孔子对定公（《论语》作叶公）以徕远，哀公以论臣，景公以节用，非期不同，所急异务也。""所急异务"就是讲政策的灵活性。武帝认为在调整政策时，还要注意历史联系，于是提出"据旧以鉴新"，"稽诸往古，制宜于今"。在变的过程中，手段、方法要服务于目标，即所谓"所由殊路而建德一也"。"求变"是汉武帝变更一系列重要政策的思想基础。

2. 求治。汉武帝有着强烈的使命感，自知"任大而守重"。为了汉家天下长治久安，他"夙夜不皇康宁，永惟万事之统，犹惧有阙"。曾几次下诏策问，渴望寻找到长治久安的治国方略。

长期困扰汉武帝，使其夜不成寐的问题主要有三：

一是政权得失兴亡的根本原因是天命还是人为？

他说："五帝三王之道，改制作乐而天下洽和……桀、纣之行,王道大坏……三代受命,其符安在?灾异之变,何缘而起?"

二是治平天下的根本方略是什么?

他说:"三王之教所祖不同,而皆有失。或谓久而不易者道也,意岂异哉?""惟前帝王之宪,永思所以奉至尊,章洪业,皆在力本任贤。今朕亲耕籍田以为农先,劝孝弟,崇有德,使者冠盖相望,问勤劳,恤孤独。"欲以此达到天下大治。

三是如何实现政治思想的统一?

汉武帝的政治视野相当宽广,他思考的是君主统治如何长治久安的重大政治问题。正是在求治思想指导下,汉武帝接受了董仲舒的建议,罢黜百家,独尊儒学为国家政治学说,杜绝意识形态领域的混乱现象,加强对思想的统一和专制。

3. 德刑兼用。汉武帝汲取了汉代儒学的德主刑辅思想,把德治教化和刑暴惩恶作为维护君权不可或缺的两手。他说:"夫本仁祖义,褒德禄贤,劝善刑暴,五帝三王所由昌也。"他特别注重德治的功能,说"扶世导民,莫善于德"。德治的主旨是"事天以礼,立身以义,事亲以孝,育民以仁"。德治是引导人民安分守己、服从统治的良方。武帝深感当时世道礼崩乐坏,设想通过宣化仁义道德,"导民以礼,风之以乐",使民"仁行而从善,义立而俗易",建立稳定的统治秩序。

汉武帝通过征辟选用儒学之士,设立太学,立五经博士和博士弟子,在中央政府形成仁义道德宣化中心。然后,设置专职礼官,"讲议洽闻,举遗兴礼,以为天下先"。中央和地方各级政府官员均负有教化民众的责任,他曾告诫臣属:"公卿大夫,所使总方略,一统类,广教化,美风俗也。"在社会基层,汉武帝也十分重视利用乡、县三老,孝悌、力田等地方基层官吏宣扬教化。元狩六年(公元前117年),武帝下诏,"谕三老、孝弟以为民师",希望通过自上而下的教育宣化,敦促民众自觉遵行礼法,致力农亩,安分守己做顺民,实现百姓和乐,政事宣昭。

汉武帝在宣传上重教化,在行政操作中则更重刑罚。他密织法网,亲信法术之士,强化暴力统治。班固说,武帝即位以后,"征发烦数,百姓贫耗,穷民犯法,酷吏击断,奸宄不胜。于是使张汤,赵禹之属,条定法令,作'见知放纵,监临部主'之法"。又作"沉命法",对于不能揭举罪犯者,以及镇压"盗贼"不力的地方官都要施以重刑。

以刑罚督责吏民构成汉武帝治国的特点之一。

在汉武帝严刑酷法思想指导下,西汉时期"禁网浸密。律令凡三百五十九章,大辟四百九条,千八百八十二事,死罪决事比万三千四百七十二事"。

汉武帝说:"夫刑罚所以防奸也。"刑暴和劝善一样,同为帝王之道,都是用来巩固汉家天下的重要政策原则。唐令狐德棻说:"王道任德,霸道任刑。自三王已上,皆行王道;惟秦任霸术,汉则杂而行之。"汉武帝这种兼及德刑,内重刑暴、外饰德化的治术便是"汉家制度"的精髓。

4. 任贤。汉武帝颇有自知之明,十分清楚"盖有非常之功,必待非常之人"的道理,认为若想成就帝王大业,为汉家天下筑起万世不朽的根基,必须将天下英才全都罗致麾下。在汉武帝当政的几十年里,他"畴咨海内,举其俊茂,与之立功","求之如弗及"。任贤乃是武帝的一项基本政策。

汉武帝认为,任贤的诀窍在于知人善任。他曾感慨地说:"知人则哲,惟帝(指尧)难之。"

为了确保能选得有用之才,武帝采取了两项措施。

第一,扩大征选人才的数额,使地方举荐人才制度化和经常化。他"深诏执事,兴廉举孝",三番五次责令郡国地方官员推举才德之士。他说:"夫十室之邑,必有忠信,三人并行,厥有我师。今或至阖郡而不荐一人,是化不下究,而积行之君壅于上闻也。"为此,武帝特别严明奖惩制度,"进贤受上赏,蔽贤蒙显戮"。如果地方官员"不举孝,不奉诏,当以不敬论。不察廉,不胜任也,当免"。武帝运用行政手段广招人才,给予任贤以制度保障。

第二,放宽选贤的标准,对于"茂才异等"不计其出身或其他小节。汉武帝说:"马或奔踶而致千里,士或有负俗之累而立功名。"才能优异之人往往行为怪异,不同于世俗,或者出身低微。汉武帝认为这些都不足为虑,他说:"夫泛驾之马,跅弛之士,亦在御之而已。"只要驾驭得法,行为超常之士同样能为君主所用,至于出身高低更可存而不论。

汉武帝的任贤之道收效显著,一时"群士慕向,异人并出","天下布衣各厉志竭精以赴阙廷自衒鬻者不可胜数"。武帝时代的名臣中出身不高者大有人在,如"卜式拔于刍牧,弘羊擢于贾竖,卫青奋于奴仆,日䃅出于降虏"。正是在这样的用人思想指导下,汉武帝才能将各种类型的优秀人才汇聚于中央,形成以他为中心的高智能统治集团。正如班固列举的那样,"汉之得人,于兹为盛。儒雅则公孙弘、董仲舒、兒宽;笃行则石建、石庆;质直则汲黯、卜式;推贤则韩安国、郑当时;定令则赵禹、张汤;文章则司马迁、相如;滑稽则东方朔、枚皋;应对则严助、朱买臣;历数则唐都、洛下闳;协律则李延年;运筹则桑弘羊;奉使则张骞、苏武;将帅则卫青、霍去病;受遗则霍光、金日䃅;其余不可胜记。是以兴造功业,制度遗文,后世莫及"。

六、讲法治与尊儒术的有机结合者

世所公认,汉家治国,"霸王道杂之"。
汉武帝则是这一治术的开创者和成功的实践者。
汉武帝不仅"独尊儒术",而且重视以法治国。
汉武帝时代,法律条文繁多、严密。汉武帝继承了先秦和汉初执法公平、"不别亲疏,不殊贵贱"的法治思想,以法治国。以身边人为例,汉武帝妹妹隆虑公主之子昭平君,又是武帝女儿夷安公主的丈夫,犯法当死,隆虑公主临死前,以金千斤、钱千万为其赎罪。按汉朝的法律是可以以钱赎罪的,所以汉武帝批准了她的请求。可是隆虑公主死后,昭平君又犯法当死,因为是公主之子,廷尉不敢作主处决他,又请示汉武帝决处其罪。汉武帝"为之垂涕叹息,良久曰:'法令者,先帝所造也,因弟(妹)故而诬先帝之法,吾何面目入高庙乎?又下负万民。'乃可其奏,哀不能自止,左右尽悲。朔前上寿,曰:'臣闻圣王为政,赏不避仇仇,诛不择骨肉。'《书》曰:'不偏不党,王道荡荡。此二者,五帝所重,三王所难也。陛下行之,是四海之内元元之民各得其所,天下幸甚!'"①再如方士栾大,在乐成侯丁义的推荐下来到了汉武帝身边,靠诈骗博得了武帝的信任。武帝赏给他大量财富,并封其五利将军、天道将军、乐通侯等官、爵,赐予其六颗金印,武帝还把自己的女儿、卫皇后生的长女嫁给了他。但后来汉武帝一旦发现了他的诈骗活动后,就毫不犹豫地坚决处死了他,并对推荐他的乐成侯丁义也判处弃市。从这些案例中足以看出汉武帝对先秦法家的法治思想的继承与坚持。

汉武帝时期特别值得注意的一种现象就是他能够将"重法

---

① 《汉书·东方朔传》。

治"与"尊儒术"相互结合。这主要表现在:

以"《春秋》决狱"。这是汉武帝时法律形式的一个新特点,所谓"《春秋》决狱"就是把儒家五经之一的《春秋》作为判断案件的法典。《春秋》一书维护君臣、父子、夫妇的纲常伦理,其大一统思想对维护专制主义中央集权十分有利。汉武帝尊儒的目的之一就是要以《春秋》之义正君臣关系。汉武帝大搞《春秋》决狱,如令董仲舒弟子"吕步舒持节使决淮南狱,于诸侯擅专断不报,以《春秋》之义正之,天下皆以为是"[1]。董仲舒病退后,"朝廷每有政议,数遣廷尉张汤至陋巷,问其得失",问的就是关于《春秋》决狱之事,董仲舒"动以经对,言之详矣"[2]。公孙弘所谓"习文法吏事,缘饰以儒术",搞的就是《春秋》决狱。"《春秋》决狱"不仅在镇压诸侯王叛乱中起了作用,并在严格规范臣下的行为方面也发挥了意想不到的效果。汉武帝开创的这一先例,对后世政治产生了深刻影响。

汉武帝时断狱数比过去大为增加。据《汉书·刑法志》中的记载,西汉时断狱最少的文帝,年"断狱四百"。武帝断狱次数大增,年"天下断狱万数",或"断狱岁以万千数"。汉武帝是重视法治同时兼顾德治的一位比较出色的皇帝,他在重法治、以

---

[1] 《史记·儒林列传》。
[2] 《晋书·刑法志》。

法治国的同时，也贯彻着儒家以"德教"化人的精神，能够将重法治与尊儒术在政治实践中完美地结合，这一点是汉武帝与只知用严刑峻法治国的秦始皇等皇帝的最根本的区别，也正是汉武帝的高明之处。

历史证明，汉武帝在政治上十分精明。秦皇因废先王之道而秦亡；汉武则因采用周政与秦制中的合理成分兼用而托起大汉盛世。他在开疆拓土方面超过历代帝王；他将儒家思想作为官方意识形态开创了后世治理思路；他开辟的丝绸之路今日仍然粲然可点；他创始的杂用王霸政治之道更成为中国古代君主政治的基本模式之一。

第七章 "唯才是举"与"屯田制"
——魏武帝曹操治国论

毛泽东生前多次评说曹操。1954年夏，毛泽东在北戴河吟诵曹操《观沧海》一诗时，对身边工作人员说："曹操是了不起的政治家、军事家，也是个了不起的诗人。""曹操统一中国北方，创立魏国。那时黄河流域是中国的中心地区。他改革了东汉的许多恶政，抑制豪强，发展生产，实行屯田制，还督促开荒，推行法治，提倡节俭，使遭受大破坏的社会开始稳定、恢复、发展。这些难道不该肯定？难道不是了不起？说曹操是白脸奸臣，书上那么写，戏里这么演，老百姓这么说，那是封建正统观念所制造的冤案，还有那些反动士族，他们是封建文化的垄断者，他们写东西就是维护封建正统。这个案要翻。"

一、海纳百川，唯才是举

东汉末年，天下大乱，豪杰蜂起，曹操集团能在群雄并起的政治格局中脱颖而出，最终三分天下有其二，与他十分重视任用人才以及在选人用人上高人一等的见识有着直接的关系。

俗话说，能用人、会用人、善用人者，可以无敌于天下。

争天下必先争人。曹操起兵时，只有本家族的几个兄弟和子侄做骨干，七拼八凑，不足四千兵马，但他求贤若渴，从一兵一卒抓起，从一官一吏用起，用他的政治感召力与强大的人格魅力，在短短的数年内，让贤才奇士争相归附，造就了谋士如云、战将如林的一个庞大的政治军事集团。依靠这样一支力量，曹操屡胜对手，芟荑群雄，"克成洪业"，实现了大半个中国版图的统一与安定。

"山不厌高，海不厌深，周公吐哺，天下归心。"①这是曹操《短歌行》一诗中的名句。这首诗充分表达了他为实现统一天下的理想抱负而延揽天下人杰的想法。

当初，曹操与袁绍一同起兵时，袁绍曾问曹操："如果起兵之事不成，什么地方可以容身？"曹操说："您觉得呢？"袁绍

---

① 《曹操集》，中华书局1975年版，第5页。

答:"我向南守住黄河,向北占据燕、代,联络狄人的强兵,向南夺取天下,或许可以成功吧?"曹操则说:"我只要凭借天下有才之士,用好的方法驾驭他们,就没有什么做不成的。"答问之间,二人的胜负成败显然已经分出了高低。

曹操在创业初期,因为条件所限,主要是采取招降纳叛的手段网罗人才。每攻占一个地方,每打败一个敌人,他总会得到一些人才。在迎接汉献帝到许县、取得"挟天子令诸侯"的地位以后,除继续招降纳叛外,曹操开始以朝廷名义征召人才,同时注意要下属为自己推荐人才。在曹操强大的人才战略下,四方有识之士主动前来投奔,从而形成了人才济济、一方独大的局面。凭借人才优势,曹操取得了统一北方的胜利。

曹操聚贤纳才的政策措施主要集中在五个方面:1. 征辟。征,是征聘地方名位较高、品学兼优的社会名流;辟,是择优选拔中下级官吏。征辟是两汉选拔人才的一种途径。2. 投效。东汉末年天下大乱,有才能的人都想找一个强有力的主人作为依托。曹操倚重的五大谋士荀彧、荀攸、郭嘉、程昱、贾诩等人,都是以这种方式加入曹操集团的。3. 推荐。荀彧等人为曹操推荐了一大批人才,如钟由、陈群、郗虑、华歆、王朗、荀悦、杜畿、杜袭、辛毗、赵俨等,或为卿相,或为地方大吏,有数十人。4. 纳降。曹操每征服一个异己势力,都大量录用对方的人才,如陈琳、张郃、辛毗、王脩、管统、张辽、徐晃、庞德等。5. 强征。曹操初辟司马懿，司马懿不就征，使者往返多次。曹操对使者说："司马懿三请不来，就把他抓起来。"司马懿害怕了，于是接受了曹操的委任。曹操征阮瑀，阮瑀逃入山中，曹操派人放火烧山，终于得到了阮瑀。上述五种手法，以征辟、投效、推荐三者为主要形式。曹操对于纳入自己麾下的人才，都量其才学，一视同仁，委以重任。

赤壁战后，随着曹操统治地区的进一步扩大，随着他的政治地位的进一步显赫，为了发展统治区的政治经济，治理好国家，进而统一全国，曹操凭借手中的权力，公开树起了"唯才是举"的旗帜，先后下了三次求贤令，进一步选用和提拔人才。

公元210年春，曹操颁布《求贤令》。在这篇招揽人才的文件中，曹操明确提出了他自己的"唯才是举""得而用之"[①]的人才战略。

曹操说：

> 自古以来开国和中兴的君主，哪有不是得到贤能的人和他共同治理天下的呢？而当他们得到贤能之人时，又往往不出里巷，难道这是侥幸碰到的吗？是当政的人去访求得来的罢了。现在天下尚未完全平定，正是迫切需要寻求贤才的时候。如果

[①]《曹操集》，中华书局1975年版，第41页。

一定要从廉洁高尚的人中间选用,那么齐桓公又怎么能称霸当世呢?现在天下难道没有姜子牙那样身穿粗布衣服、怀有真才,而在渭水之滨垂钓的人吗?又难道没有像陈平那样"盗嫂受金"者还没有遇到像魏无知那样的人吗?你们应该帮助我发现和选拔那些地位低下的被埋没的人才。只要有才能就可以推举,使我能够任用他们。

管仲是春秋时期大政治家,年轻时曾同鲍叔牙合伙经商,分财利时,管仲欺骗鲍叔牙自己多拿,被认为是不廉洁,后来他辅助齐公子纠,曾谋杀小白(齐桓公)。齐桓公不嫌管仲有不廉之名,也不计较他曾伤害过自己,任用他为卿相,终于成为春秋时第一个霸主。姜子牙早年不得志,在渭水边钓鱼,周文王访到了他,请他辅佐自己。文王死后,他帮助武王灭商,完成兴周大业。陈平家境贫寒,先辅佐项羽,后由魏无知推荐到刘邦手下做官,后来被人进谗言,说他曾和嫂子私通,又受过贿赂。刘邦责备魏无知,魏无知说:"当今楚汉相争,最需要人才,陈平是有奇谋的人,对国家很有用,'盗嫂受金'又有什么值得疑虑的呢?"

曹操举这几个事例,要求僚属们扩大眼界,帮助他发现和寻找那些出身低微或德行不够廉洁,却有奇才异能的人,加以任用。这篇《求贤令》中,反映了曹操急于得人成就事业的迫切心情。

第七章 "唯才是举"与"屯田制"——魏武帝曹操治国论

公元214年12月,曹操又下了一道求贤令(《敕有司取士勿废偏短令》),再次提醒主管选拔人才的官员,人无完人,不要因为"偏短"而错失了真正有用的人才①。他说:

> 有德行的人,未必能有所作为,有作为的人未必能有德行。不能说陈平品德好,也不能说苏秦守信用。但陈平能协助汉高祖,奠定了西汉帝业,苏秦能救助弱小的燕国。由此说来,有才能的人即使有短处,怎么能够废置不用呢!主管选拔官吏的部门好好考虑这个道理,那么有才能的人就不会被埋没和遗漏,官府也就没有旷废的事了。

在第二道求贤令中,曹操继续强调他的"唯才是举"的用人原则,除再次提到陈平外,又列举了苏秦的例子。苏秦是战国时期纵横家,曾游说燕、赵、韩、魏、齐、楚六国合纵抗秦,后来齐燕间闹对立,苏秦又劝说齐王归还燕国十城,齐人说他反复无信。在这里,曹操又一次说明了人才品德有偏短,也不能废弃不用的道理。他决心继续选拔有真才实学的人,来壮大本集团的力量,扩大统治的基础。

公元217年8月,曹操又下了第三道求贤令(《举贤勿拘品行令》),令文说:

---

① 《曹操集》,中华书局1975年版,第46页。

从前伊挚、傅说出身微贱,管仲曾是齐桓公的仇敌,都因重用他们,而使国家兴盛。萧何、曹参原先是县吏,韩信、陈平曾经蒙受不光彩的名声,有被人讥笑的耻辱,但他们终能成就王业,名传后世。吴起贪图做将军,杀了妻子,取得鲁君的信任,又曾散尽家财谋求官位,母亲死了也不回家。然而吴起在魏国为将,秦国便不敢向东侵犯魏国;在楚国任相,韩、赵、魏三国就不敢向南侵犯楚国。现在天下难道没有品德极高的人还埋没在民间?以及那些在军伍中勇敢果决,不顾生命同敌人奋力死战的人;或者担任下级官吏,而有超人的才能和优异的素质的人;或者胜任将军、郡守,却背上不好名声,行为被人耻笑的人;或者不仁不孝而有治国用兵之术的人,你们要把自己所知道的都推荐上来,不要有所遗漏。

在第三道求贤令中,曹操除第三次提到陈平,再次提到管仲外,又列举了历史上出身低微、品行不端而才能突出、建立大的功业的人物,不断强调"唯才是举"的用人方针。伊挚,即伊尹,奴隶出身,辅佐商汤灭了夏桀;傅说也是奴隶出身,被商王武丁举用为相,治理国家。萧何、曹参出身低微,后来辅佐刘邦有功,都位至丞相。韩信年轻时家境贫寒,曾向漂母讨饭,还忍受胯下之辱,后来成了刘邦平定天下的最得力的大将。吴起是战国时的兵家,是卫国人。在鲁国时,齐国攻鲁,鲁君因其妻是齐国人，不敢任他为将，于是他杀了妻子当了大将，打败了齐国的进攻。他年轻时为了外出做官，花光了家财，被人讥笑，他发誓不位至卿相，绝不还乡，不久母亲死去，果然没有回家。他后来在魏国、楚国为将相，建立了功业。

在这里，曹操又一次要求有关部门及各级官吏，把那些埋没在民间、置身于基层的文武人才，或者背着不好名声甚至不仁不孝而有治国用兵才能的人，统统推举出来，以便扩大人才的来源，满足各方面对人才的需要。

曹操不厌其烦，三下求贤令访求天下人才。他的基本精神是"唯才是举"，中心思想只有一个，不讲门第，不拘品行，广开进贤之路，广纳天下英才。只要有才能，即使在德行方面有某些缺欠，也要加以任用。这种以才能为主要标准的选官方针，对汉代传统的以德见长的选官方针是一个不小的冲击，是具有开创性意义的。

曹操选人纳才胸怀宽广，容才气度恢宏超越前人，直追汉高祖刘邦。曹操不仅政治抱负宏大，在用人上更是气度非凡。当时，曹操最想争取过来的是刘备和孙权这两个枭雄。他认为刘备是一个可与自己打天下，也可争天下的屈指可数的英雄人物，因此对刘备十分敬重。两人相处时曾"出则同舆，坐则同席"，对刘备极尽恩宠笼络之致。但刘备不甘在曹操之下，时刻准备自起家业。刘备在许都时，曹操的谋士程昱、郭嘉等人，几次提醒曹操趁机杀掉刘备。程昱讲:"我看刘备很有才能,又很受人们拥戴,最终不会甘心居人之下,不如早点除掉他。"曹操却认为:"方今收英雄时也,杀一人而失天下心,不可。"孙权是三国时期的后生才俊,尽管比曹操晚生 27 年,但他仍是必用之而后快。赤壁大战后,曹操采取过多种措施,想把孙权团结过来。曹操让阮瑀代他起草的《与孙权书》,完全是站在平等立场上讲话,从"百姓保安全之福"、孙权也可为天下一统做出更大贡献的高度,劝导孙权与他合作。孙权经过得失利弊的综合考量,也做出了称臣的表示。如果不是曹操突然死去,三国历史便很可能会因为两人联手而呈现出另一种迥然不同的局面。

  在人尽其才、才尽其用方面,曹操同样也是不让古人。春秋时期的政治家晏子曾提醒齐景公认真注意"三不祥":"有贤而不知,一不祥;知而不用,二不祥;用而不任,三不祥也。"要避免"三不祥",就必须做到知人善任。曹操深悟其中的道理,他"仁者用其仁,智者用其智"。打徐州,荀彧有完整的思路,就让他做军师;征辽东,郭嘉有极具创意的策划,就带他随军出征。战将中有的性如烈火,视死如归(如典韦、庞德等),每有大战恶斗,总是派他们披坚执锐,冲锋陷阵;有的智勇双全、文武兼备(如曹仁、张郃等),平时把他们放在重要岗位,遇有战事,放手让他们统帅军队,独当一面。任何人都不是十全十美的,有优点也有缺点。如果一个领导者不看大局,要求人皆完人，结果只能是有的人认为自我不可能得全，而主动退出，有的人即使被录用，也难以被委以重任。更为严重的是，一些投机取巧、言虚行伪之人，还会因此乘机而入，窃取高位。正因为懂得其中的奥妙，曹操才敢于打破当时比较流行的用人倚重品行和身世的陈规，不废偏短，不轻微贱，容忍他人的矫情任性，不计旧日恩怨，用其所长，尽其所能。

汉代的选官方针主要是注重德行，注重儒家经典，注重封建道德，注重出身门第，把忠孝仁义等作为选官的重要标准，对才能方面是比较忽视的。这样一个选官标准，往往不可能把有治国平天下真才实学的人选拔上来，治理好国家和军队，更谈不上在乱世之中拨乱反正了。曹操打破了选官的旧传统，抛弃了选官的旧标准，大胆地提出了只要有"治国用兵"之术，即使是有"不仁不孝"行为的人，也要选用的方针，确立了以才能为根本的选官制度，以适应拨乱反正的需要，这是需要有很大勇气的。

应该指出的是，曹操的"唯才是举"，并不是不要德行，如果德才兼备那当然更好，只是在现实中德才兼备的人不多，不能由于过分看重德行，把有才能的人弃而不用。实际上，曹操非常重视人的德行，重用忠于故君、孝顺父母、崇高信义之士。曹操曾赞许荀彧是"怀忠念治""忠恪祗顺"；说荀攸"真贤人也，所谓温良恭俭让""无毫毛可非者"；说郭嘉"尽节为国""忠良渊淑"；说乐进、于禁、张辽"质忠性一，守执节义"；说

"毕谌是一个孝顺父母的人,难道会不忠于君主吗?这正是我所要访求的人啊";说"邢颙忠于旧君,有一致之节";因为关羽忠勇,曾不惜一切代价笼络他,等等。这些都表明曹操是注重德行的,要忠孝仁义的。只是他深知得人不易,对有才能的人,不能求全责备而已。另外,曹操的不看重德行,主要是指在乱世,而且也只是指在德行的某些次要方面有偏短,并不是指在根本上的不忠。如果在政治上有不忠于自己、不利于自己统治的人,他是要排斥的,即或是已经重用的人,也要加以清除,如陈宫、孔融等人。①

二、推行屯田,发展经济

东汉末年,战乱频仍,军阀混战极大地破坏了社会经济。当时,生产凋敝,土地荒芜,人口锐减,"白骨露於野,千里无鸡鸣"②,到处是一片满目疮痍的荒凉景象。原来生产发达的中原地区,粮食极度匮乏。

据《三国志·武帝纪》注引《魏书》说:

> 自遭荒乱,率乏粮谷,诸军并起,无终岁之计,饥则寇

---

① 柳春藩著:《魏武帝大传》,中华书局2016年版,第214、215页。
② 《曹操集》,中华书局1975年版,第4页。

略，饱则弃余，瓦解流离，无敌自破者不可胜数。袁绍之在河北，军人仰食桑椹。袁术在江、淮，取给蒲蠃。民人相食，州里萧条。①

曹操集团统治的地区虽然尚未出现"瓦解流离"的情况，但形势也相当严重。他数次出征，都因粮绝食尽而不得不罢兵自守；他在收复兖州时，因为没有东西吃，程昱略其本县，供三日粮，颇杂以人脯；他西迎汉献帝，所将千余人皆无粮，过新郑时将士们险些饿死，新郑县令杨沛"乃皆进乾椹，太祖甚喜"；他进入洛阳，曾见到群僚饥乏，尚书郎以下诸官自己到野外采野菜充饥，有的甚至饿死在断壁残垣之间的情景。严酷的现实，让曹操深深体会到粮食对军事行动与稳定统治的重要性。曹操深知，在生产遭受严重破坏的情况下，不解决当前的饥饿问题，不考虑农业经济以解决今后的吃粮问题，就不可能稳定人心，就不可能在群雄角逐中站稳自己的脚跟并巩固与发展自己统一天下的大业。因此，他把"富国强兵"之道列为首要问题，在将汉献帝迁到许县后，马上把"修耕植以蓄军资"提到行动的日程上来，并表奏天子请大家议论"损益"。这说明，作为一个政治家，曹操深知经济问题的重要性。曹操在《陈损益表》中，突出地强调：

---

① 陈寿著：《三国志》，中华书局1959年版，第14页。

"昔韩非闵韩之削弱，不务富国强兵，用贤任能。"曹操一生的精力与活动，主要投入在军事和政治方面，因而表现在军事和政治方面的思想内容十分丰富。相对来说，他在经济、文化等方面的思想则内容较少，而且不成系统。曹操的经济思想主要表现在行屯田以资军食，薄赋税开租调制之先，重兼并之法抑制豪强，以及其他一些零星措施与主张上面，诸如重视水利、主张酒禁、盐铁监卖等等。其中作用最大、影响最深者则莫过于推行屯田制度。

实际上，屯田在曹操以前已经有比较成熟的历史经验可资借鉴。秦孝公时，商鞅以三晋地狭人贫，秦地广人寡，故草不尽垦，地利不尽出，于是诱三晋之人，利其田宅，复三代，无知兵事，而务本于内，而使秦人应敌于外；秦始皇使蒙恬将十万之众北击胡，悉收河南地。因河为塞，筑四十四县城临河，徙戍以充之；西汉晁错上汉文帝《守边备塞疏》，具体设计了徙民实边，通田作之道，正阡陌之界的屯田方案；汉武帝时，在河西屡兴屯田；汉昭帝始元二年，诏发习战射士诣朔方，调故吏将，屯田张掖郡；汉宣帝神爵元年，将军赵充国将兵在北方边境屯田，大获地利；东汉初年，马援在今甘肃榆中等地屯田。所有这些，对于解决粮食转输问题以及当地农业生产发展都曾起到过重要的作用。

曹操屯田的提出和实行，则完全是时代使然。前面已经说

第七章 "唯才是举"与"屯田制"——魏武帝曹操治国论

过,自黄巾军事起,数十年间战乱不断,人口锐减,大批的农业劳动力或死、或亡、或被征为军士,土地大面积荒芜,军民饥饿乏食。出路何在呢?不少地方割据势力都想到了屯田。如徐州牧陶谦"表登为典农校尉,乃巡土田之宜,尽凿溉之利,粳稻丰积"①。典农校尉源于西汉之屯田校尉、农都尉,是主管屯田的官。公元195年,公孙瓒被袁绍打败,"力田蓄谷"②,稍得自支。曹操面临着残酷的现实,又善于总结历史的经验,在借鉴历史与现实经验的基础上,建安元年(196年),他在《置屯田令》中提出了"夫定国之术,在于强兵足食。秦人以急农兼天下,孝武以屯田定西域,此先代之良式也"③的发展农业生产的新主张。羽林监枣祗,首先向曹操提出用屯田的办法解决军粮问题。据《资治通鉴》献帝建安元年记载:"羽林监枣祗请建置屯田,曹操从之。"为了解决粮食问题,曹操多次召开会议,要求大家权衡利弊,发表不同意见。武将们多主张用出兵打仗、扩大地盘来解决。曹操问夏侯惇的部将韩浩说:"你看应该如何解决好?"韩浩回答说:"当急田。"就是先尽快把农业生产搞上去。韩浩也是位武将,但其见解就较其他将领高明,曹操很看重他。但

---

① 陈寿著:《三国志》,中华书局1959年版,第230页。
② 陈寿著:《三国志》,中华书局1959年版,第243页。
③ 《曹操集》,中华书局1975年版,第30页。

"修耕植"和"当急田",都只强调发展农业生产的重要性、急迫性,而没有涉及发展农业生产的具体实施办法。于是,枣祗将屯田的意见提出来,经过讨论,大家倾向于一致。在这种情况下,曹操发布《置屯田令》,将屯田发展农业作为国策定了下来。他说:

> 安定国家的大计,在于强兵足食,秦国掌政者把发展农业作为紧迫的任务,兼并了六国,统一了天下;汉武帝推行屯田,平定了西域,巩固了西北边防。这是先代人做出的良好榜样,值得我们效法。

可以说,韩浩、枣祗二人对于曹操决定在建安元年实行屯田制度起到了很重要的作用。

在发布屯田令的同时,曹操任命枣祗为屯田都尉,任峻为典农中郎将,负责经营管理屯田事宜。屯田生产是国家政府直接经营管理的,要具备两个重要条件:一是国家要有直接控制的土地,不能占用私人土地;一是要有可以利用的劳动力,不能专靠强制拉人。

就前者来说,连年战乱,地主和农民死亡流散,大量土地荒芜,无人经营,国家直接掌握了不少已开垦的土地。此时曹操已经控制了兖、豫二州,环境也基本稳定,又掌握了军政大权,完全可以利用其中的无主荒地。就后者来说,曹操先后镇压招抚了青州、颍川和汝南的黄巾军，他们的好多家属都是有农业生产经验的劳动力，有些还拥有耕牛、农具，可以组织起来进行屯田生产。还可以招募一些四处流亡生活没有着落的农民为劳动力。这在当时来说，都是可行的。

屯田制定下来后，枣祗、任峻等人便把这些劳动力同国家控制的土地结合起来，用军事组织形式加以编制，进行屯田生产。屯田的基层组织称为屯，由屯田司马管理。生产者称屯田民或屯田客。屯田组织不统属于郡县，而是自成一个系统。屯田都尉（或称典农都尉）官位相当于县令，典农中郎将官位相当于郡太守，直接隶属于中央的司空府，由司空掾属掌管。后来，归丞相府的掾属管理。大司农官恢复后，由大司农全权负责。

屯田制首先在许都地区推行，很快就有了效果。

屯田客是直接受国家地租剥削的佃客。如何对佃客收租？开始时存在意见分歧。不少人主张采用"计牛输谷"，即按使用国家耕牛的多少，向国家缴纳定额租，曹操也表示同意。但枣祗经过仔细思考后，觉得这个不管收成好坏定额收租的办法不合适。他认为按这个办法，收成好的年份，国家只能按规定的定额收租，增加不了收入，而收成坏的年份，国家还不能不减免农民的负担，这样不尽合理，而且影响了国家的收入。他向曹操讲明情况，建议采用"分田之术"，就是根据每年的实际收成，按一定的比例缴纳租谷，丰收时多缴纳，歉收时少缴纳。曹操认为已经做出了决定，只是屯田客少交些，不用再改变了。可枣祗仍然坚持自己的主张。于是曹操让枣祗去找尚书令荀彧商议。荀彧征求手下人意见，军祭酒侯声表示看法说，按租用官牛的头数收租，对屯田客有好处，按枣祗的办法收租，对官家有好处。最后，曹操觉得枣祗的分成收租办法合理，且能增加国家收入，便采纳了枣祗的意见。

按照分成收租办法，屯田客用官牛耕种的，要将收成的60%交给国家，自己得40%；用自己的牛耕种的，收成各得50%。这个租税比例是很高的，同汉代佃户向地主缴纳对半左右的地租负担相似。但是，屯田农民不负担兵役和徭役，比汉代佃户的总负担要轻些，这对于当时饱受战乱、生计没有着落的屯田农民而言，无疑是有积极意义的。

这种由屯田民进行生产交租的屯田称之为民屯。

屯田制推行后，迅速出现成效，"军国之饶，起于枣祗而成于峻"。曹操用枣祗之策建置屯田，以任峻为典农中郎将，督领屯田事。任峻按照曹操的意旨和枣祗的办法，于各州郡例置田官，数年中所在积粟，仓廪皆满。在许下屯田的第一年，就取得了得谷百万斛的好收成。曹操非常高兴，又下令将屯田在自己的控制区内加以推广，只用四五年的时间，就使粮食的产量大增，有屯田的地方，粮食都装满了仓廪。屯田的成就，除了解除了粮荒外，还极大地支援了曹操消灭群雄统一北方的战争。

随着曹操统治地区的不断扩大,屯田地区也随之不断增多。曹操时期民屯的主要地区有颍川郡、安丰郡、弘农郡、沛国、东海郡、淮南郡、庐江郡、上党郡、扶风郡。

除民屯外,还建立有军屯,就是由士兵参加生产,建立战时作战、平时务农的体制。不过军屯在曹操时期尚不普及。

汉武帝实行的屯田便是军屯,只是在西北边疆地区实行,因为当时军事行动主要在西北地区,出于对匈奴战争的需要,屯田生产者主要是承担戍守任务的士卒,生产的粮食全部上交国家,由国家发给口粮和衣物。曹操实行的屯田主要是民屯,实行的地区在中原,因为当时的军事行动主要在中原地区,是出于兼并战争的需要,主要生产者是贫困无地的农民。生产的粮食由农民与国家按比例分成,国家不发给口粮和衣物。由此可见,曹操虽然效法了汉武帝的屯田,但明显有了创新和发展。

曹魏屯田制的推行,将劳动力与土地结合起来,使许多贫困农民和流民重归土地,解决了他们的生计问题,对恢复和发展生产起了积极作用,并有力地支援了曹操对其他武装势力的兼并战争。

首倡推行屯田的功臣枣祗,不幸早逝。后来,曹操打败袁绍,在追思枣祗的功绩时说:

(枣祗)为屯田都尉,设施田业,大收粮食,丰足军用,

> 因而摧灭群逆，克定天下，以隆王室。早宜受封，拖延至今，是我之过错。枣祗之子处中，应加封爵，以使祭祀枣祗之事永垂久远。

对另一个推行屯田有功的典农中郎将任峻，曹操也十分重视。在官渡之战以后，表封任峻为都亭侯，食邑300户。并以其为长水校尉，成为京师禁军将领之一。不久，任峻也去世了，曹操悲痛不已，立即让其子任先继承了父亲的爵位。

任峻死后，曹操又使国渊负责屯田事。史载"太祖欲广置屯田，使渊典其事。渊屡陈损益，相土处民，计民置吏，明功课之法，五年中仓廪丰实，百姓竞劝乐业"。[①] 曹操在世之时，军民屯田官职设置已趋完备，及至魏文帝曹丕于公元223年设司农度支校尉（亦称司农校尉），比二千石，掌诸军屯田，实际已是曹操数十年屯田经验的总结了。

总之，曹操推行的屯田制度确曾收到过很好的效果。屯田在不长的时间里就解决了严重的粮食危机，促使百姓逐渐安定下来，社会秩序赖以恢复，同时也使北方农业经济得到了一定程度的恢复和发展，有力地支援了曹操扫灭其他军阀统一北方的战争。

---

① 陈寿著：《三国志》，中华书局1959年版，第339页。

屯田制到曹魏后期走向衰落，到西晋初年，屯田客基本上转变成为自耕农。

三、抓政治根本，挟天子以令诸侯

东汉末期，黄巾起义爆发以后，各地豪强打着镇压农民起义的招牌招兵买马，趁机壮大自己的势力。中原地区是农民起义军活动的主要场所，黄河南北也就成了各个豪强势力角逐的战场。在这种形势下，曹操也趁势起兵，加入镇压农民起义的行列之中。汉灵帝中平元年（184年）曹操官拜"骑都尉"，奉命"讨颍川贼"[1]，从此开始了他逐鹿中原的政治生涯。当时镇压颍川黄巾军的主帅是皇甫嵩和朱儁，拥兵四万余众的皇甫嵩等人被黄巾军击败后据守长社（治所在今长葛市东北），待曹操将兵至，才获得解围。击败颍川黄巾军，使曹操获得了政治资本，官职升为济南相，管辖十余县，后又升为东郡（治所在今濮阳南）太守。数年之后，曹操应征入朝，官拜典军校尉，具有了一定的实力和政治影响力。

在镇压黄巾起义的过程中，地方割据势力蜂起，相互之间不断进行着争夺地盘的战争。东汉王朝对全国的统治虽然名存实

---

[1] 陈寿著：《三国志》，中华书局1959年版，第3页。

亡，但皇帝作为最高统治者，对全国各地军阀势力仍具有相当大的影响力，各大诸侯之间奉迎皇帝以获得政治优势的角逐随之开始。公元189年，董卓带兵进入洛阳，废少帝刘辩为弘农王，立陈留王刘协为皇帝，以丞相的身份专权跋扈，把京都搞得大乱。曹操不愿与董卓合作，至陈留，散家财，合义兵，以诛董卓。曹操起兵后，与各地拥有军事实力的州郡官僚联合攻打洛阳，董卓挟汉献帝迁都长安，中原地区和关中地区的封建军阀为了争夺地盘，再度陷于混战之中。汉献帝初平三年（192年），曹操由东郡太守自领兖州牧，十二月，在济北镇压了进入兖州的青州黄巾军后，受降卒30余万，男女百余万口，收其精锐者，号为青州兵，从此拥有了相当强大的军事力量。曹操在控制了兖州以后，于建安元年（196年）二月击败并收服了依附于袁术的汝南、颍川黄巾军，占据了兖、豫二州之地，驻兵于许县（治所在今许昌市东），开始实施他逐鹿中原的政治、军事和经济措施。

从当时的局势来看，曹操虽然占据了兖、豫二州，却处于豪强势力的包围之中。袁绍占据河北，拥有冀、青、幽、并四州之地，刘备、吕布占据徐州，袁术据有淮南，刘表控制了荆襄九郡，韩遂、马超陈兵关中，张绣近在南阳。这些势力都很强大，均拥有与曹操争夺黄、淮之地的实力。如何在军阀混战中保有既得利益并最终消灭对手，这是曹操集团需要解决的最重要的问题。曹操自领兖州牧之时，毛玠就曾向他建议："今天下分崩，国主迁移，生民废业，饥馑流亡，公家无经岁之储，百姓无安固之志，难以持久。今袁绍、刘表，虽士民众强，皆无经远之虑，未有树基建本者也。夫兵义者胜，守位以财，宜奉天子以令不臣，修耕植，畜军资，如此则霸王之业可成也。"①由于当时曹操尚不具备挟持天子令诸侯的条件，只能将毛玠之言记纳于心。曹操占据许县等地以后，采取屯田制发展生产，逐渐兵精粮足，拥有了挟天子以令诸侯的实力，便将挟汉献帝迁都许县之事提上了议事的日程。

在对待汉献帝的问题上，荀彧向曹操指出："昔（晋文纳周襄王而诸侯景从），高祖东伐为义帝缟素而天下归心。自天子播越，将军首唱义兵，徒以山东扰乱，未能远赴关右，然犹分遣将帅，蒙险通使，虽御难于外，乃心无不在王室，是将军匡天下之素志也。今车驾旋轸（东京榛芜），义士有存本之思，百姓感旧而增哀。诚因此时，奉主上以从民望，大顺也；秉至公以服雄杰，大略也；扶弘义以致英俊，大德也。天下虽有逆节，必不能为累，明矣。韩暹、杨奉其敢为害！若不时定，四方生心，后虽虑之，无及。"②荀彧列出了奉迎汉献帝的三大好处，虽然是出于维护汉王朝统治的目的，但也很符合曹操集团的政治利益。汉

---

① 陈寿著：《三国志》，中华书局1959年版，第374—375页。
② 陈寿著：《三国志》，中华书局1959年版，第310页。

献帝虽然四处漂泊，没有控制全国局面的实力，但在国人的心目中依然具有天下共主的地位，是名正言顺的大汉天子，在群雄逐鹿之中仍有重要的政治价值。经过权衡利弊之后，曹操接受了荀彧、程昱等人的建议，决定奉迎汉献帝，挟天子以令诸侯。

事实上，挟天子以令诸侯是从董卓开始的，并非曹操政治集团的首创。当初，董卓拥立汉献帝却成为众矢之的，遭到各地豪强势力的联合讨伐而逃亡关中，被司徒王允、尚书仆射士孙瑞、卓将吕布共谋杀掉，董卓成为三国时期挟天子以令诸侯的第一个牺牲品。不久，王允被杀，吕布在与关中军阀的争斗中失败，丢下汉献帝逃到徐州。李傕、郭汜挟持汉献帝以后，也没有得到多少利益，反而把关中搞得狼藉不堪。之后，汉献帝在关中诸将的控制下四处漂泊，流落到已经因战火而变得残破不堪的洛阳。由于这些事实的存在，大多数军阀并没有看到汉献帝的价值，反而将汉献帝看作一种包袱，对他的去留并不看重。所以，能否利用汉献帝作为争夺政权的筹码，取决于各政治集团自身的能力、见识的高度和军事、经济力量。在奉迎汉献帝的问题上，能够与曹操竞争的首推袁绍。袁绍出身于四世三公的名门望族，占据了以邺城为中心的河北四州之地，地广人多，实力雄厚。沮授曾向袁绍献策："将军弱冠登朝，则播名海内；值废立之际，则忠义奋发；单骑出奔，则董卓怀怖；济河而北，则勃海稽首。振一郡之卒，撮冀州之众，威震河朔，名重天下。虽黄巾猾乱，黑山跋嚣，举军东向，则青州可定；还讨黑山，则张燕可灭；回众北首，则公孙必丧；震胁戎狄，则匈奴必从。大河之北，合四州之地，收英雄之才，拥百万之众，迎大驾于西京，复宗庙于洛邑，号令天下，以讨未复，以此争锋，谁能敌之？比及数年，此功不难。"[1]但是，郭图、淳于琼认为："汉室陵迟，为日久矣，今欲兴之，不亦难乎！且今英雄据有州郡，众动万计，所谓秦失其鹿，先得者王。若迎天子以自近，动辄表闻，从之则权轻，违之则拒命，非计之善者也。"[2]袁绍采纳了郭图、淳于琼的建议，错失了奉迎汉献帝的良机。

相较于袁绍而言，曹操在这个问题上就很具有战略的眼光。曹操能够奉迎汉献帝于许，也是由多方面原因促成的。除了曹操本人政治见识的因素以外，随汉献帝流落到洛阳的董昭也起到了重要的促进作用。当时，控制洛阳的韩暹、杨奉、董承等人违戾不和，与袁绍有矛盾的董昭竭力促成杨奉与曹操联合，甚至不惜伪造出一封假借曹操的名义写给杨奉的书信："吾与将军闻名慕义，便推赤心。今将军拔万乘之艰难，反之旧都，翼佐之功，超世无畴，何其休哉！方今群凶猾夏，四海未宁，神器至重，事在维辅；必须众贤以清王轨，诚非一人所能独建。心腹四支，实相

---

[1] 陈寿著：《三国志》，中华书局1959年版，第192页。
[2] 陈寿著：《三国志》，中华书局1959年版，第195页。

恃赖，一物不备，则有阙焉。将军当为内主，吾为外援。今吾有粮，将军有兵，有无相通，足以相济，死生契阔，相与共之。"杨奉正兵微将寡，粮尽兵疲，看到这封假信以后便信以为真，十分高兴地对诸将说："兖州诸军近在许耳，有兵有粮，国家所当依仰也。"遂共表曹操为"镇东将军，袭父爵费亭侯"①。曹操为了达到挟天子以令诸侯的目的，亲自到洛阳朝见汉献帝，借以标榜他对汉室的忠诚。董昭向曹操献计："此下诸将，人殊意异，未必服从，今留匡弼，事势不便，惟有移驾幸许耳。"由于洛阳是杨奉等人的地盘，曹操在洛阳很难有所作为，如果奉汉献帝迁都于许，又必然会受到杨奉等人的阻挠。为此，董昭建议以"京都无粮，欲车驾暂幸鲁阳，鲁阳近许，转运稍易，可无县乏之忧"为由，巧妙地避开了杨奉等人的掣肘。曹操终于将汉献帝移到了许县自己的老巢，取得了挟天子而令诸侯的优势。曹操挟汉献帝迁都于许之后，很快被封为丞相，成为东汉王朝末年政权的实际掌控者，对其势力的发展产生了多方面的、巨大的影响。

曹操得势，袁绍有些后悔，他摆出盟主的架势，以许县低湿、洛阳残破为由，要求曹操将献帝迁到鄄城，因鄄城离袁绍所据的冀州比较近，便于控制献帝。袁绍以为，鄄城是曹操的地盘，曹操容易答应。可是，曹操拒绝了袁绍这一要求，而且还

---

① 陈寿著：《三国志》，中华书局1959年版，第437页。

以汉献帝的名义写信责备袁绍说:"你地大兵多,而专门树立自己的势力,没看见你出师勤王,只看见你同别人互相攻伐。"袁绍无奈,只得上书表白一番。曹操见袁绍不敢公开抗拒朝廷,便又以汉献帝的名义任袁绍为太尉,封邺侯。太尉虽是"三公"之一,但位在大将军(不常设)之下。袁绍见曹操任大将军,自己的地位反而不如他,大怒道:"曹操几次失败,都是我救了他,现在竟然挟天子命令我来了!"拒不接受任命。曹操这时的实力毕竟还不如袁绍。他不愿意在这个时候跟袁绍闹翻,决定暂时向他让步,便把大将军的头衔让给袁绍。自己任司空(也是"三公"之一),代理车骑将军(车骑将军地位仅次于大将军和骠骑将军),以缓和同袁绍的矛盾。由于袁绍不在许都,曹操仍然总揽着朝政。与此同时,曹操在朝中安排和提升一批官员。以荀彧为侍中、尚书令,负责朝中具体事务。以程昱为尚书,又以他为东中郎将,领济阴太守,都督兖州事,巩固这一最早的根据地。以满宠为许都令、董昭为洛阳令,控制好新旧都城。以夏侯惇、夏侯渊、曹洪、曹仁、乐进、李典、吕虔、于禁、徐晃、典韦等分别为将军、中郎将、校尉、都尉等,牢牢控制着军队与皇帝。

大量历史事实说明,曹操奉迎汉献帝,从中获得了极大的政治利益,是他在政治上迅速发展的重要环节和转折点。在争夺人才方面,曹操获得了比其他政治集团更大的优势。挟汉献帝迁都于许县,使曹操成了维护汉朝正统地位的政治代表,赢得了天下名士的拥戴，纷纷相继归附于他。在军事方面，以天子的名义讨伐不臣之人，成为他威慑与对付对手的重要法宝。正如时人所言："汉德虽衰，天命未改，今曹公挟天子以令天下，虽敌百万之众可也。"①未出茅庐的诸葛亮在《隆中对》中也不得不承认："（曹操）挟天子而令诸侯，此诚不可与争锋"②，劝说刘备向荆、益二州发展。

综上可见，曹操挟汉献帝迁都许县，在政治上取得"挟天子以令诸侯"的绝对优越地位；在经济上实行"屯田制"发展农业生产；全方位地发掘与重用具有富国强兵之能的人才。这三大治国理政的杰出智慧，对他逐步消灭北方割据势力，加强中央集权，加速国家统一进程，均起到了巨大的助力作用。

① 陈寿著：《三国志》，中华书局1959年版，第337页。
② 陈寿著：《三国志》，中华书局1959年版，第912页。

第八章 民为邦本与权力制衡
——唐太宗治国论

唐太宗是继汉武帝之后中国历史上又一位杰出的政治家。他统治时期，国家政治清明，经济繁荣，百姓安居乐业，政绩可圈可点，"政化良足可观，振古而来，未之有也"。他启动了大唐盛世之门。他的某些政治理念与作为超过了前人，实可为中华政治万世师表。

唐太宗李世民是中国历史上少有的一位能够将个人权力欲望与国家治理高度完美结合的伟大的政治家。他统治时期，以民为本，重视制度建设，致力发展经济，与各民族实现天下一家，他的一些政治理念与施政作为超过了前人，值得今人治政时认真借鉴与研究。

一、正确处理君民关系的典范

唐朝建立后，如何处理好君民关系以实现李唐王朝的长治久安，这是统治者必须解答而且必须答好的政治课题。

唐太宗以史为鉴，明智地认为："君依于国，国依于民。"[①]君主的地位系于国之存亡，国家的盛衰系于民众之苦乐。他从四个角度论证了民本论及贯彻重民政策的重要性：

其一，立君为民。

《尚书》中就有天佑下民而作君师说。立君为民，君为民主，这个思想一直是公认的"设君之道"。荀子说："君者，民之原也；原清则流清，原浊则流浊。故有社稷者而不能爱民、不能利民，而求民之亲爱己，不可得也。"[②]唐太宗认同这种说法，

---

① 《资治通鉴》卷一九二。
② 《荀子·君道》。

他说:"天之助民,乃是常道。"①天立君的目的是让君主作民之主,为民之父母,因此爱民养民是为君之第一要义。唐太宗赞同"以一人治天下,不以天下奉一人"的观点。②这种思想在充分肯定天下应由君主一人主宰的前提下,承认君主必须为天下众生谋福利,必须以安定民生为政治大本,而不能利用权势地位谋取个人利益,更不能横征暴敛,肆无忌惮地剥夺民众,安享天下的供奉。君主"不恤民事"属失道之举,严重者将丧失为君的条件。天下为公、立君为民的"设君之道",既是民本论的重要命题之一,又是论证有关君主规范的主要依据。

其二,民养君。

《论语》中即有富民足君之说。其实这种思想有更为古老的渊源。"百姓足,孰与不足!"③这是隋唐帝王论及重民政策时常说的一句话。唐太宗深知"日所衣食,皆取诸民者也"④。民众是赋役之源,国家财政依赖民众,所以"为君之道,必须先存百姓,若损百姓以奉其身,犹割股以啖腹,腹饱而身毙"⑤。承认民养君这一客观事实,循着君主与国家、国家与财政、财政与社会

---

① 《尚书正义·大诰疏》。
② 《贞观政要·刑法》。
③ 《隋书·炀帝纪》。
④ 《资治通鉴》卷一九二。
⑤ 《贞观政要·君道》。

生产、社会生产与民众的关系链，推及民众在君主政治中的基础作用，这是传统治国论中民本思想的基石。

其三，民择君。

唐太宗说，"天子有道，则人推而为主；无道，则人弃而不用，诚可畏也"①。荀子说："庶人安政，然后君子安位。传曰：'君者，舟也；庶人者，水也。'水则载舟，水则覆舟，此之谓也。"②这是自先秦以来获得大众共识的政治理念。唐太宗认为，民众是一支令人敬畏的政治力量。得民心者得天下，失民心者失天下。他们把帝王君临天下比作以腐朽的缰索驭使"六驾马车"，随时会索绝马逸，车毁人亡，怎不叫人心惊胆战。君主治民必须敬之畏之，谨之慎之，如临深渊，如履薄冰。在中国古代社会，民众暴动、弃君择君是王权再造机制中最重要的主观因素，是促进王朝更替和君主政治自我改造与向更高阶段发展的主要动因。历史一再重现的民众载舟覆舟的经验教训，使得唐太宗深刻地认识到："但有黎庶怨叛，聚为盗贼，其国无不即灭。人主虽欲改悔，未有重能安全者。"③治理民众问题事关国家兴亡、君主安危，所以是政治之本。能够将民众治理上升到如此高度来认识者，在历代最高统治者

---

① 《唐太宗集·民可畏论》。
② 《荀子·王制》。
③ 《贞观政要·奢纵》。

中，唐太宗属于凤毛麟角中的最清醒者。

其四，民归于君。

自先秦以来，君民一体就是民本论的主要论点之一。君有赖于民，而民归于君，二者之间既存在着明显的等级差别和矛盾，又有和谐统一的必要性与可能性。唐太宗认为，"天下无不可理之民"①，治乱兴亡之机把握在君主手里。他根据自己在隋唐兴替之际的亲身体验，发现即使在天下动荡时期，民众之中"欲背主为乱者"也是极少数，有野心谋夺天下者更是少而又少。尽管天下大乱，民众仍然"思归有道"，可见导致动乱的主要原因是"人君不能安之"②。民众最终要归顺于某个君主，谁实行王道仁政，谁就可以赢得民心，所谓"林深则鸟栖，水广则鱼游，仁义积则物自归之"③。唐太宗还从历史的教训和亲身的体验中得到这样一个重要经验："得民心者得天下"，"王者之兴，必乘衰乱"④，"天下嗷嗷，新主之资"⑤。当此之际，谁实行重民政策，谁得民心，谁就能夺取天下，进而巩固政权。

在取得政权的过程中，李世民深刻感受到，民是"治乱之本

---

① 《全唐文》卷一四〇《理狱听谏疏》。
② 《旧唐书·张玄素传》。
③ 《贞观政要·仁义》。
④ 《新唐书·房玄龄传》。
⑤ 《唐文拾遗》卷一三《论略》。

源",君如舟,民如水,民载舟还是覆舟,取决于君主的政治举措是否得当。"民可亲近,不可卑贱轻下,令其失分则人怀怨,则事上之心不固矣。民惟邦国之本,本固则邦国宁,言在上不可使人怨也。"①因此,在做了皇帝后,唐太宗不仅确定了"治天下者,以人为本"②的政治方略,还提出了系统的重民政策原则。主要有以下几点:

一是君主无为。

唐太宗主张"为政之本,贵在无为"③,把君主无为奉为最高的德治典范。作为治民方略的无为论,强调一个"静"字。治民犹如防水,"善为水者,引之使平;善化人者,抚之使静","静之则安,动之则乱"④,千万不要把民众这潭水激成冲决堤防、颠覆舟船的狂涛巨浪。实现"静"的关键是"君能清净"⑤、"俭以息人"⑥,即顺应自然规律,节制个人欲望,尽量减少对农事的干扰和对庶民的索取,实行"与民休息"的政策,具体做法是尚节俭、慎用兵、薄赋敛、轻刑罚等。

---

① 《尚书正义·五子之歌疏》。
② 《贞观政要·择官》。
③ 《旧唐书·后妃传》。
④ 《贞观政要·刑法》。
⑤ 《贞观政要·政体》。
⑥ 《旧唐书·马周传》。

二是施惠于民。

唐太宗主张君主必须体察民情,顺应民心,关心民瘼,以德政施惠于民。如此施政,一可缓和君欲与民欲的矛盾。"帝王所欲者放逸,百姓所不欲者劳弊",二者之间有矛盾。解决矛盾的方法是君主"节己以顺人"①,千万不能"损百姓以适其欲"②。二可调整国富与民富的矛盾。"百姓不足,君孰与足",因此"贮积者固是有国之常事,要当人有余力而后收之"③,横征暴敛,只会激起民怨,导致君富而国亡。

三是不竭民力。

"悦以使人,不竭民力"④是唐太宗重民政策的基石,其核心内容是节制劳役征发和赋税征收。国家征收赋役的数量不能超过民众的承受能力,否则"竭泽取鱼,非不得鱼,明年无鱼。焚林而畋,非不获兽,明年无兽"⑤。唐太宗以形象的比喻揭示了这个政策原则的思维逻辑:马"能代人劳苦者也。以时休息,不尽其力,则可以常有马也"⑥。君民关系犹如人马关系,君重民犹如人

---

① 《贞观政要·俭约》。
② 《贞观政要·政体》。
③ 《旧唐书·马周传》。
④ 《旧唐书·魏征传》。
⑤ 《贞观政要·纳谏》。
⑥ 《唐太宗集·自鉴录》。

重马。民是赋役的人格化,君主不竭民力,才能年年向民众索取源源不绝的赋役。

四是以农为本。

在传统农本社会中,农业发展与否关系国家的兴亡与民众的稳定。从《贞观政要·务农》《帝范·务农》等文献的记载来看,农为政本论的主要依据有三:(1)食乃民天,农业的丰歉会直接影响民生,进而影响政治的盛衰安危。(2)农业为国家财政的主要来源,农业的兴衰关系到财政的盈亏和国家的强弱。(3)务农与赏罚一样是"制俗之机",民众一心务农则性格淳朴,遵守礼义,否则就会贪残、骄逸。因此,重农不仅是一项重要的经济政策,而且还是一项重要的化民之术。正如唐太宗所说:"禁绝浮华,劝课耕织,使民还其本,俗反其真,则竞怀仁义之心,永绝贪残之路。此务农之本也。"①

五是调整官民关系。

唐太宗及其辅臣认为,官吏贪赃枉法、鱼肉百姓是导致隋末民溃民乱的重要原因,因此自觉把限制官僚法外侵民作为施政重点之一。唐太宗在《金镜》等文中曾发出"民乐则官苦,官乐则民劳"的感慨,清醒地认识到调整官民矛盾是一个十分棘手的问题。作为一项重要的重民政策,唐太宗慎选临民官,并以行政、

---

① 《帝范·务农》。

监察、立法、司法手段整饬吏治，严肃风纪，限制官僚豪强法外侵民。但是，这些措施并不意味着改变官民之间的主从关系。唐太宗明确表示：绝对不容许"百姓强而凌官吏"①。

唐太宗通过对传统的民本思想的总结升华和面向实际的施政实践，把传统民本论发展到了一个新的高度。他的重民政策在唐初施政过程中取得了巨大的成功，并为开创中国封建社会的鼎盛时代做出了重大贡献。唐太宗治国理政的成功经验充分表明：民本论不是君主政治的对立物，而应是统治者执政思想中的一项重要内容。②

二、治国施政上的制度创新

唐朝建立以来，唐太宗就以史为鉴，不断地从历史中学习与探讨前人治理国家的经验与教训。他认为，秦朝和隋朝是两个失败的王朝，最大的失败在于统治者过度集权，形成唯权是视、唯我独尊的专制体制。在这种体制运作下的君臣，其结果必然是权力、利益至上，没有诚信，只有利益，结果君不君，官不官，民

---

① 《资治通鉴》卷一九五。
② 刘泽华、葛荃主编：《中国古代政治思想史》，南开大学出版社2001年版，第351—353页。

不民，上下相合的政治秩序荡然无存。为此，唐太宗在夺得天下后，非常重视政治体制的建设，这使得唐朝政治制度的建设在中国历史上颇有影响。

隋王朝短命而亡的前车之鉴，促使唐太宗认真反思，认识到权力与利益的处理与分配不当是引发隋王朝政权危机的主要因素。如何才能把权力这头怪兽重新关进法制的笼子里，建立一个长治久安的权力制约平衡体制，这是唐太宗登基后常常困扰于心的一个重要问题。他听说地方官张玄素深受百姓爱戴，便不耻下问，向他请教如何治国。张玄素说了一段对唐太宗产生深刻影响的话：

> 臣观自古以来，未有如隋室丧乱之甚，岂非其君自专，其法日乱。向使君虚受于上，臣弼违于下，岂至于此？且万乘之重，又欲自专庶务，日断十事而五条不中，中者信善，其如不中者何？况一日万机，已多亏失，以日继月，乃至累年，乖谬既多，不亡何待！如其广任贤良，高居深视，百司奉职，谁敢犯之？①

张玄素认为，隋朝灭亡，是由于其君主太过专权、法制紊乱所致。如果隋朝皇帝能够虚心听纳意见，大臣们在下面敢于指

---

① 《旧唐书·张玄素传》。

出其理政的缺失，再加上官员恪守职责，隋朝就不会灭亡。对张玄素的分析，唐太宗深以为然，他曾经说："一日万机，一人听断，虽复忧劳，安能尽善？"①皇帝日理万机，曾经被歌颂为励精图治的表现。唐太宗因为亲眼所见，深刻体会到君主一人专权的危害性，所以，他对于皇帝事必躬亲并不以为然，主张在尊君的前提下君臣共治天下。

据《旧唐书·张行成传》中记载，唐太宗曾经说过："我为人主，兼行将相之事，岂不是夺公等名？昔汉高祖得萧、曹、韩、彭，天下宁晏；舜、禹、汤、武有稷、契、伊、吕，四海乂安。此事朕并兼之。"因此，在借鉴前代政治和制度的基础上，唐太宗在行政举措上多有创新。

政治体制演进的核心问题是权力结构和权力的分配及使用。政治良明首先体现在政府能依法执政，能重视制度化建设，对权力进行合理的分割，是制度性的刚性需求，也是唐太宗十分重视的理政问题。唐朝实行的是"三省六部制"。这套制度虽来源于前朝，但是，将它运作好，真正发挥应有的作用和效率，将国家治理推向一个新高度的，还是唐太宗李世民。

中国古代三省制以唐朝为代表，然尚书、中书、门下三省之建制并不始于隋唐，三省的重要职官大都源于魏晋。

---

① 《贞观政要·求谏》。

曹魏时，尚书台脱离少府，变为最高行政机关，尚书令便是宰相，其下的仆射为副相，于是出纳王命，敷奏万机，政令、选举、罪赏均由尚书出。南朝至梁时，尚书台改称尚书省，北朝则自北魏开始称省，仍为行政中枢。中书之官始于建安年间曹操为魏王时所设之秘书令，掌起草诏令，至魏文帝即位，始改秘书为中书，并置省，长官为中书监与中书令。门下省的长官为侍中。侍中一职，始于秦代，本为皇帝侍从之臣，后以职司顾问应对，又得参预机密，因此汉魏以后，地位渐隆。唯晋武帝时，中书、门下虽较尚书亲近君主，然其权位犹不能凌驾于尚书之上。

至晋惠帝时，贾后专政，对尚书重臣任情杀戮，于是尚书权势大受破坏，政治中枢由尚书转至中书，中书监令成为实际的宰相与副相，独掌大政，且地在枢要，多承宠任。及晋室南渡，江左政事操于权臣方任之手，尚书省仍为名义上发号施令之机关，尚书令兼扬州刺史或再加中书令监，遂为东晋宰相之常任。如王导领扬州刺史凡二十余年，与其录尚书事相终始，其后庾冰、何充、蔡谟、谢安、会稽王道子、世子元显、桓谦、王谧、刘裕，均相继以录尚书事领扬州刺史。东晋末年，尚书省的权势在名、实两方面均发展至巅峰状态，于是大为君主猜忌而逐渐受到摧残。南朝齐、梁以后，尚书令仆渐成优崇之职，不甚理政。至陈，尚书令仆仅有宰相虚名，掌握国政者，实为中书舍人。北朝则门下省职权转重。元魏之世，录尚书事、尚书令仆仍为宰相之官;而侍中、黄门侍郎以近中枢,亦掌有实权,有"小宰相"之称。北齐时,侍中秩次虽比尚书令仆为低,但秉持朝政,实居宰相之任者,尚书令仆不过综理庶务而已。

隋文帝统一全国以后,废除北周六官之制,并综合历代制度,立尚书、门下、内史、秘书、内侍五省,及诸台寺卫府。秘书省较悠闲,内侍省则皆宦官,故前三省方为枢要之地。尚书省的令仆,门下省的纳言,内史省(即魏晋的中书省)的监令,并为当时之宰相,唯对其职权及其相互关系,隋代并未明白厘定。

唐初,因袭隋制,尚书仆射为正宰相,中书令则颇带君主秘书色彩。至唐太宗时,始将三省职权确定。

唐代对三省制的调整,最主要的有四点:

(1)使中书舍人参议表章,分押尚书六曹,协助宰相判案。凡军国大事,经舍人初判,中书令、中书侍郎省审,于是中书省正式成为制定政令的政府机构,机衡之任,乃由尚书仆射转移于中书令。

(2)使给事中掌封驳之任。"封"指封还诏书而不行,"驳"谓驳正诏书之缺失,于是门下省的审议制度得以建立。

(3)整理门下组织,划分侍中与散骑职掌,并置"拾遗、补缺",以加强门下省的审议作用。

(4)加强尚书职权,使其能负实际行政责任。从此三省并列,中书省主制定法令,门下省主审议法令,尚书省主执行法令。三省权责分明，凡有军国大事先由中书舍人各尽所见，经中书侍郎、中书令审议，然后进呈书押。敕旨既下，由中书舍人署行，门下省给事中、黄门侍郎驳正，然后送尚书省执行。

由于三省权力的彻底分化，中书与门下省有时不免各持己见，发生公务上的争执。唐太宗为弥补此一缺点，乃设政事堂于门下省，侍中虽出席议政，给事中仍可封驳。如敕旨已行，发觉处理失当，两省谏官又得论奏。中书门下既一主出命，一主审议，换言之，政令的决定，由中书、门下两省共同负责，所以唐代两省属官都具有政务意义。自散骑常侍、谏议大夫、"拾遗、补缺"，以至起居舍人，都可论朝政得失。贞观元年（627年）起，中书、门下及三品以上入阁议事，皆命谏官、史官随入，有失辄谏。两省属官上可以察君主，下可以纠百官，故父为宰相，子不得为谏官，以免使子论父。且中唐以前，谏议论事，多使宰相先知，因此谏官受宰相的影响多，承皇帝的意向少，故其时宰相多能淬砺谏官以节制君主。三省制的精神一方面在谨慎大政之决策，一方面在使君主与权臣俱不得独断。因为每一个意见由舍人判事直至给事中署行，中间系经两省官员的审议，并非一二宰臣的意见。一二宰臣的意见，君主易于举手弃之，经两省审议的共同意见，天子则不得轻易改动。所以中唐以前大小庶政，大率由中书进拟，经门下审议。不经中书门下，不得称为敕。武后垂拱三年（687年），刘祎之曰："不经凤阁（中书省）鸾台（门下省），何名为敕？"①可见在三省制中，行政决策实系于两省，政事堂乃成为实际决策的中枢所在。唐人李华曾论政事堂之职责，颇可以窥三省制之精髓，他说："政事堂者，君不可以枉道于天，反道于社稷，无道于黎元，此堂得以议之。臣不可以悖道于君，逆道于仁，黩道于货，乱道于刑，克一方之命，变王者之制，此堂得以易之。兵不可以擅兴，权不可以擅与，货不可以擅蓄，王泽不可以擅夺，君恩不可以擅间，私仇不可以擅报，公爵不可以擅私，此堂得以诛之。"②所以君主欲专断，必先破坏三省制；权臣要弄柄，也必先破坏三省制，这是武后称制与"安史之乱"以后专君权臣所以产生的根本原因。

历史表明，在尚书省六部与九卿的权力关系设计上，唐太宗确实煞费苦心。宰相班子做出的决策，交由尚书省来落实。尚书省下设六个部，分别是吏部、户部、礼部、兵部、刑部、工部。六部并不是政策的执行部门，而是根据国家政策制定各个领域的政令的行政机构，更具体地说，六部是掌管政令的机构，不是执行部门。具体政令是由"九卿"（太常卿、光禄卿、卫尉卿、宗正卿、太仆卿、大理卿、鸿胪卿、司农卿、太府卿）来分别贯彻、执行与具体落实的。政策制定同执行相分离，实现权力的制

---

① 《旧唐书·刘祎之传》。
② [唐]李华撰：《中华政事堂记》，《全唐文》卷三一六。

约与平衡，这是唐朝朝廷行政中的一大特色。

唐太宗对国家制度的建设还远不止于此。除了对决策的民主、理性的追求之外，在制度设计上尽量保证公正与制衡。历代历朝大量失政的教训说明，不公正的根源是权力的腐败。权力的腐败既有官员个人的腐败行为，也有制度的腐败，后者是人们谈论较少却危害更大的方面。制度腐败源于利益分配的不公正、不公平。为此，必须尽可能让具体的利益关系同国家政策的制定分割开来，防止国家政策的制定受到利益集团具体利益的影响，甚至被个别利益集团的利益所驱动。让决策和行政分离，让政令和执行分离，这实际上就是将行政与利益相分离。通过改革后的三省六部制，对于国家行政中的权力制衡，在一定程度上起到了有效的作用。

三、如何处理好君臣关系

唐太宗认为，在治国行政上，君臣一体。其相关内容主要有以下几点：

其一，君不可以独治。

唐太宗在长期征战与治理中深刻地认识到：治理国家，单靠君不可能完成，必须依靠臣的协助。君与臣的关系犹如元首与股肱、船夫与舟楫、飞鸟与羽翼、大厦与栋梁的关系，彼此相须一体。唐太宗说：吾"每事皆自决断，虽则劳神苦形未能尽合于理"①，"重任不可独居，故与人共守之②。"从政治结构和政治运作的高度，承认了君对臣的依赖性和臣对君的相对制约的必然性和必要性。

其二，君臣合道。

在唐太宗看来，"以天下之广，四海之众，千端万绪，须合变通，皆委百司商量，宰相筹画，于事稳便，方可奏行。岂得以一日万机，独断一人之虑也"③。这一认识的基本思路是：君与臣是依据道或道义结为统一体的。君有君道，臣有臣道，二者又统一于道。君与臣必须以道来规范各自的思想和行为，共同实现"天下有道"的理想政治。唐太宗认为，君与臣是道义的结合，君应依靠臣"弼成王道"，臣应"论道佐时"，辅弼君主。"君臣一体"方能"君臣上下，各尽至公，共相切磋，以成治道"④。君臣皆以道自守，以道相和，才能实现君臣和谐、天下大治。

其三，君臣师友。

这是对君臣合道说的推论和补充。其基本思路是："帝者与

---

① 《贞观政要·政体》。
② 《帝范·建亲》。
③ 《贞观政要·政体》。
④ 《贞观政要·求谏》。

师处，王者与友处，霸者与臣处。"①君应以有道德、有智慧、有才能的臣下为师为友，以实现君臣相须一体，"和同盐梅""形如鱼水"。师友说是合道说的人格化，获得许多帝王的认同。如唐太宗曾发布《建三师诏》，列举历史典故，指出：古代的"明王圣帝"皆有师傅而功业卓著。当今"智不同圣人"的君主若无师傅教诲、辅佐则不可治天下。他把魏征等忠良之臣比为师友、良工、良冶和镜鉴，留下许多君臣际遇的千古佳话。

其四，君臣利害攸关。

既然君臣同体合道，那么君臣必然利害攸关。君臣政治统一体的中介不仅有亲情、道义，还有利害。唐太宗认为，"君臣本同治乱，共安危"，"君失其国，臣亦不能独全其家"②。从历史过程看，君与臣是以权与利为中介而结为政治统一体的。君强臣弱、利害一致时，君臣系统会趋于协调和稳定。然而，一旦君弱臣强或利害背反，两者就会化为仇敌。对此，李世民有着清醒的认识。他指出："子不肖则家亡，臣不忠则国乱。"③这就需要君主掌握极其微妙的统治术。

---

① 《唐文拾遗》卷一三《论略》。
② 《贞观政要·君臣鉴戒》。
③ 《唐太宗集·晋武帝总论》。

其五，君主臣辅。

"君为政本"是君臣一体论诸命题的基本前提。在君臣统一体中，君主居于主导地位，臣居于从属地位。君主臣辅说是中国传统君臣关系论的一般结论。君主臣辅说的主旨可以归结为两条：一是臣不得染指理应属于君主的一切特权。即"杀生威权，帝王之所执，而宪章法律，臣下之所奉"①，对于君命，臣下必须绝对遵从。二是君臣共治乱，而君的作用更关键。在君臣关系中君居于主导地位、臣居于辅助地位。②唐太宗就说："君治则善恶赏罚当，臣安得而乱之！苟不为治，纵暴愎谏，虽有良臣，将安所施！"③他更具体指出："君，源也；臣，流也。浊其源而求其流之清，不可得矣。"④

其六，用对人才。

贞观年间，因为腐败而落马的官员非常罕见，这与唐太宗对官员标准的尺度以及使用公正严明的监督机制有着重要的关系。唐太宗曾经与吏部尚书杜如晦探讨过用人问题。他说："比见吏部择人，惟取其言词刀笔，不悉其景行。数年后，恶迹始彰，虽

---

① 《全唐文》卷一四七《论薛子文等表》。
② 刘泽华、葛荃主编：《中国古代政治思想史》，南开大学出版社2001年版，第354—355页。
③ 《资治通鉴》卷一九六。
④ 《资治通鉴》卷一九二。

加刑戮，而百姓已受其弊。如何可获善人？"①魏征的意见是："知人之事，自古为难，故考绩黜陟，察其善恶。"②由此可见，唐初君臣对于选官的重视程度。注重官德、政绩与监督考核机制，官吏认真办事，有法可依，君臣关系自然就会得到很好的处理。

总之，唐太宗的治国理政思想具有很多独创性，是中国治国理政史上的一座重要里程碑，为后世帝王如何治理国家提供了一个比较合理的范式，其统治经验与模式值得探讨与借鉴。

---

① 《贞观政要·择官》。
② 《贞观政要·择官》。

第九章　强干弱枝与文官治政
——宋太祖治国论

宋太祖重文抑武，是由赵宋王朝初年的形势决定的。唐末五代武将跋扈、内战不断、酷刑暴敛、荼毒生民，给百姓带来了沉重的灾难。宋王朝建立后，国家统一和稳定成为压倒一切的最大政治。宋太祖以文抑武，实行文官治国，代表了当时历史发展的正确方向。宋太祖的文治思想，其基本内涵就是将科举取士与文官政治相结合。太祖确立殿试制度，培养天子门生，压抑世家大族，改变武人政治，士大夫从此成为赵宋王朝统治大厦的基石与支柱。士大夫与皇帝共治天下构成宋王朝统治的主要特色，对后世政治亦影响甚大。

一、以法治国,重振朝纲

宋太祖赵匡胤是从禁军统领通过"陈桥兵变"当上皇帝的,面对唐末以来军人干政、纲纪紊乱的现状,为了巩固统治,他十分重视法制建设,力图重建社会文化秩序,为此在这方面煞费苦心,想尽了办法。

北宋初年面临的局面是:"孟唐之弊,自天宝以后,纪纲寝坏,不能自振,以至于失天下。五代兴起,五十余年之间,更八姓,十有四君,危亡之变数矣。"①宋太祖对此十分清楚。他深知,要巩固统治,首先必须用法律来重整政治秩序。因此,从宋朝的基本法律到具体的法律法规的制定与出台,宋太祖都十分重视,这为他以法治国奠定了基础。

宋太祖统治时期,一直都在完善国家的法律。

"乾德元年七月己卯,判大理寺事窦仪等上重定《刑统》三十卷,《编敕》四卷,诏刊板模印颁天下。"这一诏令的颁发,是宋太祖以法治国的开始。乾德四年三月,宋太祖又从大理正高继申言,改正"刑统敕律有错误条贯未周者,凡三事"。"三事"是"准《刑统》,三品、五品、七品以上官,亲属犯

---

① 《元丰类稿》卷十,《太祖皇帝总叙》。

罪，各用荫减赎。伏恐年代已深，子孙不肖，为先代曾有官品，不畏宪章，欲请自今犯罪人用祖父亲属荫减赎者，即须祖父曾任皇朝官，据品秩得使前代官，即须有功及国，有惠及民，为时所推，官及三品以上者方可"①。《刑统》起源于唐代的《律疏》，是国家的基本法律，而宋太祖又根据复杂的社会现象，制定了《编敕》，使它成为《刑统》的补充。除了《刑统》外，宋太祖还制定和完善了其他一些基本法规。

宋太祖时期，宋王朝执法机构不断健全。宋以前已经有刑部、大理寺这两个专门的执法机构，但是太祖担心这两个机构用法不当，在建隆三年"别置审刑院"，从而建立了一套完整的司法机构。"凡内外所上刑狱，刑部、审刑院、大理寺参主之，又有纠察在京刑狱，可以相审覆……四方之狱，则提点刑狱统治之。官司之狱在开封，有府司、左右军巡院在诸司，有殿前、马步军司及四排岸外则三京府司、左右军巡院、诸州军院、司理院，下至诸县皆有狱。"② 另外，宋太祖在位期间，还制定了许多"家法"，以约束皇室、外戚、宦官，不使其乱政。"其待外戚也，未尝少恩，然在内不得预政，在外不得真刺史，则无吕、霍、上官之祸。其于宦官也，未尝滥杀，然内侍官不得留后，虽

---

① 《续资治通鉴长编》卷七，中华书局2004年版，第168—169页。
② 《宋史》卷二百一，《刑法志》三。

有功不除宣徽，则无伯牙专恣之祸。"①大宋王朝基本法律法规的完善和祖宗家法的制定，是对宋太祖法治思想在治国理政中的贯彻和实践。

值得一提的是，宋太祖为改变五代以来权臣篡位，政权频繁更替的局面，在贯彻以法治国思想的同时，还大力提倡忠节观的道德文明建设。宋太祖曾在武成王庙观两廊陈列历代著名将相的画像，当场指示"功业始终无暇"的人才配享有如此殊荣。因之班超、秦叔宝等人进升，张飞、关羽等人被退，管仲则特制塑像奉祀。在宋太祖提升、标榜的这些历史人物中，皆是文治武功突出，终其一生忠于君主国家的德功兼备的忠臣。宋太祖提倡"忠臣不事二主"，认为这是人臣应尽的义务。也正是从北宋开始，忠君爱国的传统观念才逐渐真正深入人心，真正积淀成为一种中华民族的传统观念和优良文化。后人所传扬的《杨家将》《岳飞传》等忠君爱国的题材，无不与宋太祖提出的忠节观对后世的影响有着一定的关系。

开宝九年十月二十日，宋太祖赵匡胤突然去世。宋太宗在其即位诏书中郑重宣告："先皇帝创业垂二十年，事为之防，曲为之制，纪律已定，物有其常，谨当遵承，不敢逾越。"这几句话，不仅是对宋太祖统治立法原则的概括和继承，而且成为两宋

---

① 《类编皇宋大事记讲义》卷一，治体论。

三百年间历代帝王遵承不辍的治国原则。宋太祖重视用法治国，努力恢复社会秩序，这使宋初很快就取得了拨乱反正的明显效果，真正结束了五代十国的混乱局面，使多年的混乱社会再次走向和平与稳定，也在一定程度上保证了赵宋政权的长治久安。

二、加强中央集权，把兵权、政权牢牢掌握在皇帝之手

唐代中期以后，府兵制被募兵制所破坏，各地节度使统帅的军人，都是招募的职业兵，将领们可以长期拥有大量军队，并不断扩大队伍，军队私人化最终导致武人干政，安禄山因此得以起兵反抗中央，酿成让唐王朝由盛转衰的"安史之乱"。安史之乱后，节度使们竞相扩大自己的军队，尾大不掉，中央政府失去了控制节度使的能力，最终形成藩镇割据混战的局面，这是导致唐王朝灭亡的一个重要原因。五代十国以来，"兵骄则逐帅，帅强则叛上"的现象屡屡发生，宋太祖即是在掌握禁军大权基础上才得以黄袍加身的。因此，他在上台之后，就不断采取措施，逐步削弱节度使手中的兵权，将兵权牢牢掌握在皇帝自己的手中。

太祖即位初年，在平息了李筠、李重进的反抗后，就开始限制与削弱军阀势力。"建隆二年，上既诛李筠及李重进，一日，召赵普问曰：'天下自唐季以来，数十年间，帝王凡易八姓，战

斗不息，生灵涂地，其故何也？吾欲息天下之兵，为国家长久计，其道何如？'普曰：'陛下之言及此，天地人神之福也。此非他故，方镇太重，君弱臣强而已。今所以治之，亦无他奇巧，惟稍夺其权，制其钱谷，收其精兵，则天下自安矣。'语未毕上曰：'卿无复言，吾已喻矣。'"①这是太祖集权思想的开始。

宋太祖中央集权的措施主要包括"夺权柄""制钱谷""收精兵"三项策略。

首先是从夺取地方行政、司法之权开始。

五代后期，节度使通常兼任治所所在州的长官，不但握有军政大权，同时操控地方各州的行政权力。为了改变军人掌握地方政府的局面，宋太祖以知州易方镇，以文官易武将。同时，将全国分为一十五路，各路设转运使，主管财政兼监察地方，谓之"潜臣"；设提点刑狱公事，主管司法及监察，谓之"宪臣"；设安抚使主管军事，谓之"帅臣"；设提举常事，主管农田水利，谓之"仓臣"。这样，节镇的权力就大大被削弱。"建隆元年十月，太祖下令，把原来由将吏担任的两京军巡及诸州马步判官，改用文人，由吏部流内铨注拟选人。"②

"建隆三年三月，下达录案闻奏令，节度使不能再对属下

---

① 《续资治通鉴长编》卷二，中华书局2004年版，第49页。
② 《续资治通鉴长编》卷一，中华书局2004年版，第27页。

行大辟，要由中央的刑部详覆。太祖下令时对宰臣说，'五代诸侯跋扈，多枉法杀人，朝廷置而不问，刑部之职几废。且人命之重，姑息藩镇当如此也'。"①此后，藩镇节度使掌握的生杀大权就收归中央。开宝三年，宋太祖又再次重申上述命令："诸道州府，应大辟案罪决论，录其案，朱书格律、断辞、禁仪、月日、官典、姓名以闻，委刑部复视。"这又更详细地规定了报告的格式、内容。"乾德三年七月，命令诸州的录事参军与司法掾一同断狱。"进一步削弱地方的司法权。开宝五年七月，宋太祖下诏说："颇闻诸州州司、马步院置狱外，置子城司狱，诸司亦辄禁系人，甚无谓也。自今并严禁之，违者重议其罪，募告者赏钱十万。"开宝六年七月，宋太祖下令不许诸道州府的马步都虞候及判官断狱，因为二者都是任命牙校担任的，所以在罢免这两种官职的同时，把马步院改为司寇院，用新及第的进士、九经、五经以及选任资序相当者做司寇参军，掌管司寇院，参与审理案件。这样，一般案件的审理权也就收归中央办理。乾德元年九月，下令禁止州府长吏以仆从人干预公事。乾德二年三月又下令，节度使幕府中不许召署幕职，幕职人员都由中央铨授。七月，下令藩镇不许用初任官职的做掌书记，必须是历经两任并且有文学才能的人，才许奏辟。乾德三年三月，下诏诸州长吏或须

---

① 《续资治通鉴长编》卷三，中华书局2004年版，第67页。

代判，勿得使用元从人。这样就避免了节度使虽是武夫悍将，却自署亲吏，代判州政，导致他们擅权不法。"乾德四年七月下诏：'自今诸州吏民不得诣京师举留节度使、观察使、防御使、团练使、刺使、知州、通判、幕职、州县官。'"①以防止节度使等利用这种手段达到长期在一地发展其势力的目的。

其次是夺取地方的财政之权。

从财政上断绝藩镇的经济来源，把财政大权集中到中央，是宋太祖控制藩镇的一项十分重要的举措。南宋叶适曾经指出："太祖之制诸镇，以执其财用之权为最急。"②乾德三年，宋太祖又申命诸州，度支经费外，凡金帛以助军实，悉运都下，无得占留。从此，地方藩镇的财权亦渐归中央。这样，宋太祖发布一系列的诏令，大大削弱了节度使的权力，使他们再也无力同中央抗衡。

更重要的是，兵权直接关乎朝廷的安危，宋太祖对此有亲身体会。"石守信、王审奇皆是赵宋王朝的开国功臣，各典禁卫。建隆二年，赵普数言于上，请授以他职，上不许，普乘间即言之，上曰：'彼等必不吾叛，卿何忧？'普曰：'臣亦不忧其叛也。然熟观数人者，皆非统御才，恐不能制伏其下，则军伍间

---

① 《续资治通鉴长编》卷七，中华书局2004年版，第173页。
② 《水心别集》卷一一。

万一有作孽者,彼临时亦不得自由耳。'上悟。"①对于宋太祖回收兵权一事,《类编皇宋大事记讲义》卷二中记载了这样两件事情的基本过程:一是建隆二年,"上召守信等,饮酒酣,曰:'天子亦大艰难,殊不若节度使之乐,尔曹何不释去兵权,出守大藩,择便好田宅市之,为子孙计,我且与尔曹约为婚姻,君臣之间两无猜疑,不益善乎。'石守信等明日皆称疾请罢"。二是开宝三年十月,"凤翔王彦超等罢节镇。上宴藩臣于后苑,酒酣,从容诏之曰:'卿等皆国宿旧人,临剧镇,王事鞅掌,非朕所以优贤之意。'王彦超等五人喻上意旨,请老罢节镇"。这样,宋太祖就把全部的兵权都收归中央。这是太祖集权思想的初步实现。

除上述举措之外,宋太祖还十分重视对中央政府军事力量的控制。他对五代以来的治兵措施加以改革、完善,在此基础上确立了新的兵制。开宝二年,宋太祖遣使分往京西诸州赐太原所徙民帛,人一匹,又命控鹤都虞候京兆崔翰差择其勇悍习武艺者籍为禁兵,以此来增强禁军力量。②"建隆二年甲戌,令殿前、侍卫司及诸州长吏阅所部兵,骁勇者升其籍,老弱怯懦者去之。"③宋

---

① 《续资治通鉴长编》卷二,中华书局2004年版,第49页。
② 《续资治通鉴长编》卷十,中华书局2004年版,第227页。
③ 《续资治通鉴长编》卷二,中华书局2004年版,第45页。

太祖在兵力的配置上，实行"强干弱枝""内外相维"的政策。太祖时期禁军约二十万，其中十万驻守京城，十万分屯各地。太祖盛时，皇城之内，有诸班之兵；京城之内，有禁卫之兵；京城之外，列营犹数十里。太祖常说，虽京师有警，皇城之内已有精兵数万，况天下乎？京城兵强马壮，地方自知兵力不敌，一般就不敢萌生异心，这就是"强干弱枝"的军事防卫政策。驻屯各地的禁军，主要是侍卫马军和侍卫步军，两军的精锐虽不及主要屯驻京城的殿前军，但相去不远，加上各地的厢兵、蕃兵、乡兵等部队，其数量则要超过京城兵力至少一倍以上。如京城有变，各地军马亦可联合起来，足以控制局面。这样"内外相维，无轻重之患"，既不会发生类似唐朝的"安史之乱"，也不会发生京城兵变。

宋太祖通过加强中央集权、强化皇权等一系列措施，使得北宋政府能够较快地铲除五代时期所形成的士族门阀地主与军阀势力的割据，这对于消除分裂之祸，维护国家的统一和社会的稳定、发展都具有十分重要的意义。

三、推行文官治国，将科举取士与文官政治有机结合

唐末，藩镇割据，中央政府大权旁落，使考试制度缺乏进一

步发展的机会。

五代时期，武夫悍将左右政局，文人普遍不受重用，武将专政导致了国家政局的混乱。从9世纪到10世纪末，中国社会的仕宦途径由武人垄断，文人上达虽仍有考试一途可循，但终缺乏保障，远不及武人势力之盛。

宋王朝建立后，在宋太祖看来，要想国家稳定，就必须改变武将专政这一不正常的局面。正如《宋史·文苑传序》所云："自古创业垂统之君，即其一时之好尚，而一代之规模，可以豫知矣。艺祖革命（指宋太祖建立宋朝），首用文吏而夺武臣之权，宋之尚文，端本乎此。"宋太祖曾对赵普说："五代方镇残虐，民受其祸，朕令选儒臣干事者百余，分治大藩，纵皆贪浊，也未及武人一人也。"[1]太祖尝曲宴，翰林学士王著乘醉喧哗，太祖以前朝学士优容之，令扶以出。著不肯出，即移近屏风，掩袂痛哭，左右拽之而去。明日或奏曰："王著逼宫大拗，思念世宗。"太祖曰："此酒徒也，在世宗幕府，吾所素谙，况一书生哭世宗，何能为也。"[2]就太祖心理而言，他对武将心存芥蒂，认为文臣不过是一书生而已，根本无法威胁他的政权。所以，太祖比较重用文臣，另外也是由于武将多不识文。建隆元年，太祖

---

[1] 《续资治通鉴长编》卷十三，中华书局2004年版，第293页。
[2] 《宋人轶事汇编》卷一，国老谈苑。

将改年号,谓宰臣等曰:"须求古来未尝有者。"宰臣以乾德为请。三年正月平蜀,宫人有入掖庭者,太祖因阅奁具,得监,背字云乾德四年铸。大惊曰:"安得四年铸字监?"以出示宰相,皆不能对。方召学士陶毂、窦仪问之,仪曰:"蜀主曾有此年号,监必蜀中所得。"太祖大喜曰:"做宰相须是读书人。"自是大重儒臣矣。①

宋太祖非常重视人才的选拔,为选择士人进入官僚队伍,创立"殿试"并曾经亲自主持科举考试,借以培养自己的"天子门生"。据李焘在《续资治通鉴长编》卷十八中记载,宋太祖开宝八年二月下诏曰:"向者登科各级,多为势家所取,致塞孤寒之路,甚基无谓也。令朕躬亲临时试,以可否进退,尽割畴昔之弊矣。"又说:"贵家子弟,惟知饮酒弹琵琶耳,安知民间疾苦?"因此下令:"凡以资荫出身者,皆使之监当场务,未得亲民。"②太祖不准资荫出身者直接做州县长官,这是对氏族门阀势力的一种压抑,从中也可看出他对科举取士制度的重视和改革的决心及力度。

宋太祖的文治思想,其基本内涵就是将科举取士与文官政治相结合。太祖确立殿试制度,培养天子门生,压抑世家大族,改

---

① 《宋朝事实类苑》卷一,祖宗圣训。
② 司马光:《涑水记闻》卷一五八,选举志。

变武人政治，士大夫从此成为赵宋统治大厦的基石与支柱。士大夫与皇帝共治天下是宋王朝政治的主要特色。宋太祖又设制科，"不限前资，见任职官，黄衣草泽，悉许应诏对策"①。人才选拔与任用的权力被中央政府甚至被皇帝亲手掌控，本身就是加强中央政府集权的一条重要途径。从宋太祖开始，科举制成为大宋王朝加强中央集权的一种最有效的手段。到宋太宗时，科举制愈加完善，取士名额大增。降及后世，"大臣，文士也；近侍之臣，文士也；钱谷之司，文士也；边防大帅，文士也；天下转运使，文士也；知州郡，文士也。"②宋太祖这种重文及用文人治国政策，给宋代的政治和文化的发展与繁荣提供了十分便利的条件。宋代之所以能够创造出"郁郁乎文哉"的文化景象，在哲学、文学、史学、科技等领域达到前所未有的水平，无不与宋太祖及宋初诸帝所提倡的重文政策以及文官政治所带来的宽松的文化氛围密切相关。据学者统计，在宋代，通过科举选拔，文职官僚的队伍成为统治集团中的核心力量。两宋310年，进士科等第者即达39721人③，就其规模而言，远远超过前后各代。当时的135位宰相

---

① 《宋史》卷一五六。
② 《端明集》卷九。
③ 白钢主编：《中国政治制度通史·宋代》，人民出版社1996年版，第636页。

中，90%以上是通过科举选拔最终出仕成功的。[①]由寒门学子通过科举途径直接参与决策的上层群体所占比例如此之高，这是前朝从来没有过的事情。它活跃了官民上下交流的途径，增加了政府管理层的活力。更重要的是，通过科举选拔方式造就出来的文官制度，对后来的中华政治文明做出了不可磨灭的贡献。

总的来说，宋太祖重文抑武，是由宋王朝初年的形势决定的，唐末五代时武将跋扈不臣、内战不断、酷刑暴敛、荼毒生民，给广大民众带来沉重的灾难。当时，国家统一和稳定成为压倒一切的最大政治问题。宋太祖以文抑武，实行文官治国代表了当时历史发展的方向。不过，任何事物的发展与变化总是表现在两个方面。宋太祖抑制武将是为改变五代以来的武将跋扈所造成的社会不稳定的局面，无可厚非。然而，后世继任者把抑制武将作为祖训教条，不顺应时势的变化加以调整，最终又导致了后来的宋朝武功不竟、国防不足的局面。

[①] 苗书梅著：《宋代官员选任和管理制度》，河南大学出版社1996年版，第106页。

第十章　尊主庇民与治体用刚

——张居正治国论

张居正执政期间，面对明王朝出现的财政困难、政治腐败、边防松弛等状况，以其缜密而又富远见卓识的谋略和果敢魄力，在政治、经济、军事等方面大刀阔斧地拨乱反正。通过其强有力的改革，暂时解决了明王朝积重难返的一系列老大难问题。张居正的改革，就那个时代看，是非常成功的，改革也在一定程度上达到了富国强兵的目的。

一、历史呼唤改革者

据《明史·食货志》记载,嘉靖时,政府每年收入田赋约200万两,而支出竟达500万两之多,岁收不足支出之半。嘉靖三十年,政府支出为595万两,收入则不足200万两,亏空几近400万两,超出收入的两倍。自嘉靖七年至穆宗隆庆元年(1528—1567年)的40年间,几乎岁岁出现超支,平均每年亏空在二三百万两之数。隆庆元年太仓存银130万两,而当年支出竟多达553万两,也就是说,全年库存不足三个月之用。嘉靖四十一年(1562年),全国年输京粮谷400万石,而朝廷需要向各地王府支付的俸禄粮就多达853万石,不足半数。大量事实说明,到明王朝中期,国家赖以存在的财政经济已经陷入到"四方之民力竭,各处之库藏空失"的积贫积弱、几近崩溃的境地,伴随着财政危机而来的,则是各类社会矛盾的日益激化。财政匮乏以及由此引发的各种社会危机,正不断地把明王朝国家政治乃至社会生活推向崩溃的边缘。

明朝中期以后,整个国家统治机器已经锈蚀不堪,吏治败坏,贪污私饱,贿赂腐败之风猖行,政治腐败已经成为明王朝另外一个沉疴积弊。自明英宗正统以来,吏治败坏日甚一日。英宗时,宦官王振当朝,每次百官朝觐晋见,例须送贿百金,送至千金者方得一醉饱。及其事败没籍时，所抄金银六十余库，玉盘数百，珊瑚高达六七层者有二十余株之多。武宗时，宦官刘瑾掌控朝政，凡官吏入见，例索千金至四五千金。他弄权败落被抄家时，仅黄金就搜出2万两，其他财物之多自不待言。世宗嘉靖时，严嵩为首辅21年，凡文武百官进擢，不论可否，但衡金之多寡而界系之，公开以卖官聚富。他倒台后，抄出黄金达30万两，白银200万两，其他珍宝无数，而其时国库太仓存银尚不足10万两。吏制之败坏足见其端绪。

不仅如此，明中期后，虏患日深，边事旧废，北方鞑靼和东南沿海倭寇的侵掠变本加厉。明政府每年用于国防上的军费支出也扶摇直上。边饷由弘治、正德年间的40多万两白银，猛增至世宗嘉靖年间的270余万两，至神宗万历时，更达385万两之多。这对本来已债台高筑的朱明王朝，无疑是雪上加霜。①

种种事实表明，明王朝在立国二百年后，正面临着一场严峻的统治危机。张居正将此概括为五大弊症："曰宗室骄恣，曰庶官宦旷，曰吏治因循，曰边备未修，曰财用大匮。"②

要么是沉沦与崩溃，要么是变法鼎新以求重新振兴。面对明中期政治腐败、财政匮乏、边防疲软的局面，从明穆宗隆庆二年

---

① 林永光：《张居正改革新论》，《社会科学战线》1997年第三期。
② 《张太岳集》卷十五，《论时政疏》。

（1568年）到神宗万历十年（1582年）的十余年间，作为首辅的张居正以其大刀阔斧的改革，拨乱反正，演出了令后人肃然起敬的一幕幕改革大剧，并因此使他得以跻身于中国历史上著名的改革家、政治家的行列。

二、以考成法为核心推行政治改革

张居正改革的目的，在于"集权、富国、强兵"。面对明朝中期积重难返的社会问题，张居正辅政后，果断选择了变法维新之路，他首先从整饬吏治、裁汰冗员入手，拉开了明王朝刷新政治的序幕。

张居正在政治方面的改革是以整顿吏治为重点，目的是"尊主权、课吏治、信赏罚、一号令"，其实质还是加强中央集权，提高朝廷办事效率，以改变明王朝长期积存下来的文恬武嬉、政务懈怠的现象。张居正的具体做法是建立了一套完善的"考成法"。这个考成法，实际上是改变国家权力机制的运作方式，即把皇权的一部分转移到内阁。"考成法"的大致方法是让每个政府部门都建立三个公文簿，把所要办的大事均记在公文簿上。这种公文簿各部门留一本，一本交由与六部相应的六科备注，剩下的一本交由内阁保管。记事本上的每件事都要注明完成期限，每完成一件就注销一件。每到月底，他让六部官员据簿检查各地督抚落实的情况，由六科据簿检查六部，再由内阁据簿以检查各科，这样大权归于内阁。过去六部和六科都对皇帝负责，现在内阁要先控制六科并通过六科控制六部，内阁就剥夺了一部分皇权，因此这一时期也是明代内阁权力最大的时期。考成法一个最大的好处就是通过有效的层层监督网络，用几个小公文簿理顺了政事，不用花费很大气力就使政令得以顺利推行。①

隆庆二年八月，张居正向朝廷上《陈六事疏》，列举"省议论、振纲纪、重诏令、核名实、固邦本、饬武备"六条治政要旨，揭开了他的政治改革的帷幕。

所谓"省议论"，就是要坚决摒弃官场中空泛不实的虚妄风气，培植"敦本务实"之政。张居正认为："学不究乎性命，不可以言学；道不兼乎经济，不可以利用。"②"为治不在多言，顾力行何如耳。"③对那些指责他行霸术而不行仁义之道的迂腐之议，张居正针锋相对地驳斥道："孔子议政，开口便言'足食足兵'，舜命十二牧，也只曰'食哉惟时'，古代圣贤们何尝不意欲图国之富强？"张居正执政后，要求各级政府机构办事情必须"省事尚实"，"一切章奏务从简切，是非可否明白直陈，毋得

---

① 齐涛主编：《中国政治通史》第八卷，《精致极权的明朝政治》，泰山出版社2003年版，第271页。
② 《张太岳集》卷十五，《翰林院读书说》。
③ 《张太岳集》卷三十六，《陈六事疏》。

彼此推诿,徒托空言",要"反薄归厚、尚质省文"①。

所谓"振纲纪",就是要"严明法纪",杜绝迁就姑息之风。张居正明确指出:"纪纲不肃,法度不行,上下务为姑息,百事悉从委徇,以模棱两可谓之调停,以委曲迁就谓之善处。法之所加,唯在于微贱,而强梗者虽坏法干纪,而莫之谁何。"如此办理,法度纲纪,焉有不废弛之理?张居正希望朝廷能够严肃法纪,"使刑赏予夺一归之公道,而不必曲徇乎私情",真正做到"法所当加,虽贵近不宥;事有所枉,虽疏贱必申"②。

所谓"重诏令",就是旨在提高各级政府部门官吏的办事效能,做到令行禁止。张居正指出:"天下之事,不难于立法,而难于法之必行;不难于听言,而难于听之必效。"③因此,他于万历元年(1573年)六月奏请皇帝,请实行"考成法"以匡纠吏风。张居正主张在"尊主权、课吏职、行赏罚、一号令""强公室、杜私门"的原则下,对各级官吏实施政绩核查考成。此法实施后,一度成效斐然,政令"朝下而夕奉行","一切不敢饰非,政体为肃"④。在张居正看来,吏不恤民,无异于驱民为盗。只有惩办贪官污吏,才能足民;只有理清欠赋,方可足国。政府

---

① 《张太岳集》卷三十六,《陈六事疏》。
② 《张太岳集》卷三十六,《陈六事疏》。
③ 《张太岳集》卷三十六,《请稽查章奏随事考成以修实政疏》。
④ 《明史·张居正传》。

政弊财乏的祸根主要表现在贿政与姑息之政上面。如不根除这两大隐患，一切改革将无从谈起。对待贿政，他强调要自上而下树立俭约之风，以杜绝贿门，同时对那些贪墨之吏要严加惩办，绳之以法。对姑息之政，则应严肃法纪，做到令行禁止。对怙恶不法的豪富之家，要理清其欠漏，予以追比。考成法推行仅四年时间，国家财政收入便大有起色。万历四年，国库存粮已可支七八年之用，存银也达400余万两，改变了以往国家财政上寅吃卯粮的不正常状态。《明神宗实录》中说："自考成法一立，数十年废弛丛积之政，渐次修举。"①这说明张居正对吏治的整肃是卓有成效的。

所谓"核名实"，就是政府在使用人才、任用官员时，要做到"用人必考其终，授任必求其当"，只有这样，才能使人才脱颖而出，使各级官吏任其能，尽其责，名副其实。在官吏的使用和管理上，张居正提出了"立贤无方，唯才是用"的用人原则，认为只要有能力，即使和尚道士、衙卒之辈皆可拔擢，不必受资历、毁誉和爱憎的影响。张居正尤为注意选用那些埋头苦干的实干家。他曾感慨道："天下事岂有不从实干而能有济者哉？"他认为对皇亲贵戚中的无能平庸之辈，宁可赏以钱物，而不能轻许以官职。他主张各级官吏不论其职位高低，一律不得世代相袭。

---

① 《明神宗实录》卷七十二。

在任命官员时，要保持其相对稳定，不要频繁更动吏员，对各级衙门的权限职责要有明确而严格的规定。知府以上军政官员的任免一律由中央决定。这就使军政大权高度集中于内阁，真正做到"事权归一，法令易行"。张居正在位期间，先后任用了一大批卓有政绩的事业家、实干家。如他起用并委托当时有名的水利专家潘季驯督修黄河、筑堤塞决，使黄河水患变水利，数十年弃地转为耕桑，漕河可直抵京师。用户部尚书张学颜整顿财政，在丈量土地和推行赋役制度改革上政绩赫然。任命抗倭名将戚继光镇守蓟门，骁将李成梁据戍辽东，有效地扼制和抗击了边敌的侵扰。在大胆擢用新人的同时，张居正还大力整顿积弊已久的庸官冗员。他执政时，曾一再裁汰冗员。对敢于以身试法的官吏，不管其职位多高，一经发现，立刻绳之以法。对那些贻误国事、累害百姓、以虚谈贾誉、卖法养交的学政和并无真才实学而专以驰骛奔趋为良图、以剥窃渔猎为捷径的生员举子，张居正下令予以汰削。他坚决主张清除封建士大夫中的"刁泼无耻之徒"，以正士伍风气。他力主在士子阶层中倡导"著实讲求，躬行实践"的学风，废除群聚徒党、空谈无行之举。这些主张对于澄清当时政界、知识界中积习既久的空疏、虚妄之风，起到了巨大的导向作用，达到了一号令，万里之外，朝下而夕奉行，如疾雷迅风，无所不披靡的效果。

对当时官场中沿习成风的假公济私、章法混乱、有章不循的状况，张居正也大刀阔斧地进行整顿与改革。驿递是明朝的一种交通制度，从京师到各省的交通干线上都设有驿站。驿站中的车、马、驴、船等交通工具都征自民间，马夫、船夫也派自民间。明初只有军国大事才能使用驿站，后来几乎各级官吏都可以使用。他们到驿站后又任意勒索，驿递制度渐渐地成为一项扰民的苛役。万历三年（1575年），张居正提出了整顿驿递的方案，对勘合的发行、管理及驿站的使用章程等重新进行了规定。张居正针对驿递害民的状况，对驿递制度进行了整顿，严格"勘合"的发放制度。官员不是公事，则一律不能使用驿站。各地官员不许托故远行参谒，官员丁忧、给由、升转、改调、到任均不能使用驿站。同年，张居正又规定自京师出差外省者，回京之日须缴还勘合；无须回京者，即将勘合缴至所到省之抚、按衙门，年终一并回讫兵部。有自外省入京者，则由各省抚、按衙门签发外勘合，至京后一并交兵部，其中要回省者，再由兵部另行颁发内勘合。张居正对驿递制度的整肃，由于有考成法的监督约束，推行顺利，既减轻了交通干线百姓之苦，又相应澄清了腐败的吏风。张居正本人更是身体力行，首先从自己做起。他的儿子回江陵应试时，他吩咐儿子自己雇车上路；父亲过生日，他打发仆人背着贺寿礼品，骑驴回家祝寿。万历八年，其弟居敬病重，返乡里调养，保定巡抚张卤发给勘合，张居正当即封还，并致函云："仆恭在执政，欲为朝廷行法，不敢不以身先之……望俯谅鄙愚，家人往来，有妄意干泽者，即烦擒治，仍乞示知，以便查处，勿曲徇其情，以重仆违法之罪也。"①体现了作为政治家的张居正秉公执法、严于律己的为政品格。

张居正在政治上的改革，对当时腐败的政治局面，无疑是吹进了一股清新之气，对整个社会改革也产生了重要的推动作用。他在执政期间，能够较为顺利地推行其一系列社会改革计划并取得卓著的政绩，首先得益于他对吏治严肃而认真的整治。历史的经验证明，凡属真正卓有成效的社会改革运动，如果没有相应的吏治改革，结果往往是无法奏效。

三、经济改革：清查田赋与实行一条鞭法

节流安民，清源固本，想方设法增加国家财政收入，这是张居正经济改革所要解决的根本问题。

张居正改革，以"清巨室，利庶民"，充实国库为原则。

在中国传统社会，封建国家的主要经济来源是赋役收入。明中期国家财政经济困境，正是由于赋税收入锐减所致。而造成这一积弊的根本原因，便是承担国家赋税的田亩数量日削月减。史载，"嘉靖八年霍韬奉命修会典，言自洪武迄弘治百四十年，

---

① 《张文忠公全集》书牍十二，《答保定巡抚张浒东》。

天下额田已减强半,而湖广、河南、广东失额尤多,非拨给于王府,则欺隐于猾民"①。此时,桂萼等人又请履亩丈量,这些动议均未认真付诸实施。万历五年十一月,张居正上奏请对全国户籍、田亩进行清丈。他委任户部尚书张学颜"撰《会计录》以勾稽出纳,又奏列《清丈条例》,厘两京、山东、陕西勋戚庄田,清溢额、脱漏、诡借诸弊"②。这一清丈活动后又全面推向全国,对勋戚庄田、民田、职田、屯田、荡地、牧地,悉数丈度,这一工作历时三年,至万历九年结束。在张居正的全力推行之下,清丈田亩的任务大部分按时完成。经过清丈,全国总计田亩数由弘治时的432万顷增至701万顷。清丈后全国实有垦地503.4万顷,比弘治十五年的税田422.8万顷多出了80.6万顷。这80多万顷田地是被豪强地主所兼并隐匿的。经过这次全国范围内的清丈田亩后,"豪猾不得隐期,里甲免赔累,而小民无虚粮"③,百姓的负担因此而大大减轻。不过,清丈一事对那些自置田土、隐而不报、拒纳赋税的公侯勋戚们来说,自然不是一件令人愉快的事情。清丈之议,在小民实被其惠,而于官豪之家则殊为未便,张居正本人自然晓知其风险利弊,但要增加政府财政收入,而又不加重民

---

① 《明史·食货志·田制》。
② 《明史·张学颜传》。
③ 李洵:《明史食货志校注》,中华书局1982年版,第132页。

众赋税之苦，只有触动这些贵族们的某些特权和既得利益。阳武侯长期对公田之外自置的私田拒不纳赋税。清丈中，他又横生枝节，加以搪塞。对此，张居正毫不退缩。他明确表示："若自置田土，自当与齐民一体办纳粮差，不在优免之数也……除赐田外，其余尽数查出，不准优免。"①张居正此举自然要激起某些达官贵人的怨恨和诋毁。张居正对此坦然置之。他坚定地表示："得失毁誉关头若打不破，天下事无一可为者。"②置个人得失于度外，表现了一个政治家的凛然正气。这次清丈田亩的目的，在于从整顿土地、户口实数入手，抑制土地兼并和人口流失现象，使赋役均平，为其后推行一条鞭法奠定了基础。

张居正在经济上的改革，除了清查田赋整顿税收外，还以实行一条鞭法而著名于后世。

所谓一条鞭法，是以"强公门，杜私门"，增加政府财政收入为目的。其核心内容就是简化税制，改进以往繁冗杂乱的徭役制度，将徭役与田赋合而为一。其具体内容是先将所征调的赋和役分别归并，再将扰民最烈的役并入田赋内；原来十年一轮的里甲制度改为每年编派一次。赋役普遍用银折纳；征收起解运送由百姓自理改为官府办理；赋税外的"土贡"和杂税也合并征收。

---

① 《张文忠公全集》书牍十三，《答山东巡抚何来山》。
② 《张文忠公全集》书牍十三，《答山东巡抚杨本庵》。

一条鞭法的优点在于，它能在赋税征调方法上化繁为简，统归为一。原来的赋和役是分而为二的。赋以田亩为对象，征收夏税秋粮；役则以户丁为对象，分里甲（以户计征）、均徭（以丁计调）、什泛（临时抽派）三等差役。现在则统一为量地计丁，使"役归于地，计亩征收"，即以田亩作为征调依据。此外，一条鞭法又将原来力役与银役两种差役改为一律征银，力役改为雇役，役户只要缴纳一定银两，便可免除役劳，而由官府雇人代役。役粮按人丁数和田粮情况缴纳，丁役部分摊入土地征收。对田赋之外政府额外加派实物、土贡品，也一并加以简化。万历四年，在浙江、江西、福建试行的基础上，张居正又奏请将一条鞭法推行到湖广实施。万历九年，又诏旨通行全国，一条鞭法遂成通行法制。

一条鞭法的推行，首先，在一定程度上对原来赋役不均的弊病有所匡纠，使原来沉重的财政负担，部分地从农民身上转到了大土地所有者身上。因为在当时的封建土地制度下，土地大多为地主所占有，户丁则多数为农业劳动者，户丁税的一部分赋役摊入土地，加之经过普遍丈量田亩，查出了大量私瞒土地，这就使承担赋税的范围扩大，赋税压力也相对趋向均平。其次，这一改革措施也较为有效地限制了地方官吏无节制地借繁杂征调之名对百姓进行苛求和勒索，改变删并了一些繁冗的征收项目，这就在一定程度上对社会生产力的发展起到了积极的推动作用。再次，一条鞭法以银役代替力役，这客观上使封建依附关系有了某些松动，有利于农民的自由流动和工商业的发展，对于资本主义萌芽，具有一定的推动作用。最后，一条鞭法计亩征银，折办于官，在田赋征收上，除苏、松、杭、嘉、湖一带仍征实物以供皇室官僚食用外，其余一律改为折色银。这在我国封建社会赋役制度史上，是具有划时代意义的重要转折和巨大进步。它标志着自汉以来，中国封建社会田赋制度，已由实物税阶段转入货币税阶段。这一变化，无疑反映了中国封建社会货币经济此时已有了长足的进步。同时，由于一条鞭法实施，也大大减少了实物起解输送过程中因漕运、贮存而造成的极大损耗，使"丁粮毕输入官"。这种赋役制度的改革，是中国封建田赋制度继两税法之后又一重大的发展。一条鞭法推行不久，便一举扭转了财政多年积贫窘困的局面。至万历三年，太仓积粟已达十三余万石，可支奉国家五六年之用。一条鞭法实行之后的万历十年，更是"帑藏充盈，国最完富"[①]，乃至"太仓粟可支十年，同寺（太仆寺）积金至四百余万"[②]，确实达到了"犹得以用裁余数十百巨万，征伐四夷，治漕，可谓至饶给矣"的效果。

作为有远见的政治家，在经济、政治改革中，张居正坚持安

[①] 《明通鉴》卷六十四。
[②] 《明史纪事本末》卷六十一，《江陵柄权》。

民固本的原则。

张居正认为，民是天下的根本，国家施政应当着重维护民众的利益，只有大多数"民"生活安定，国家才能安定。他说："自古虽极治之时，不能无夷狄盗贼之患，唯百姓安乐，家给人足，则虽有外患，而邦本深固，自可无虞。唯是百姓愁苦思乱，民不聊生，然后夷狄盗贼乘之而起。"[1]所以他又说"根本固者，华实必茂；源流深者，光澜必章"[2]。在此思想基础上，张居正提出了"固邦本"的政治主张。

所谓"固邦本"，就是要切实解决好民生问题。张居正认为："致理之要，惟在于安民；安民之道，在察其疾苦而已。"[3]张居正先后采取了一系列措施，改善百姓生计问题，缓解已处于剑拔弩张的社会矛盾。他力主实行省征发、轻关市，以利农商的经济政策。他说："古之为国者，使商通有无，农力本穑。商不得通有无以利农，则农病，农不得力本穑以资商，则商病，故农商之势常若权衡。"[4]这里，张居正对农业与商业之间的互辅互利、相互依托的关系认识得既清楚又透彻。他进一步指出："故余以为，欲物力不屈，则莫若省征发以厚农而资商；欲民用不

---

[1] 《张太岳集》卷三十六，《陈六事疏》。
[2] 《张太岳集》卷十五，《翰林院读书说》。
[3] 《张太岳集》卷四十六，《请蠲积逋以安民生疏》。
[4] 《张太岳集》卷八，《赠水部周汉浦榷竣还朝序》。

困,则莫若轻关市以厚商而利农。"①张居正商农并重的经济思想,在以重农抑商为传统的中国封建社会里,不能不说是一种真知灼见。在此以前虽然也有人提出"重商"的理论,但他们始终没走出商是末富的理论。只有张居正才真正用国家政权的力量,恢复了商的应有地位,新兴的工商业者才得到应有的尊重。明代是中国商业发生质变的时代,从某种意义上讲,是从张居正开始的,在张居正的影响下,黄宗羲才明确地提出了"工商皆本论"。

除了通过改善管理机制和发展农商经济来解决财政危机之外,如何严格控制政府庞杂的支出,也是亟待解决的难题。只有在"开源"的同时抓好"节流"的环节,才能使经济的振兴不至于落空,财政的丰收不流于枉费,真正收到富国裕民的效果。张居正主张从生产的主体——民的负担入手,通过节约各项费用,减轻民的负担,以达到固本的目的。皇室的耗费和国防费用的支出,是政府当时两项巨大的财政用项。对于皇室侈靡的用度,由于张居正加强了内阁的权力,对其有所限制。诸多开销,经其"锱铢必争",能省则省,能减即减。穆宗隆庆五、六年间,皇室抚赏所费,即由原来每年百余万两,减至不足万两,而年节赐宴费用,也由于张居正的力争而罢停。宗藩封王之俸禄,历来世

---

① 《张太岳集》卷八,《赠水部周汉浦榷竣还朝序》。

袭,至嘉靖末,始重定条例,大加裁损,以减少国家支费。万历六年,经张居正再次纂定守藩条例,停止封爵世袭,汰除冗费颇多。万历五年五月皇太后要求翻整修葺慈庆、慈宁两宫,张居正认为此乃耗费不急之务,予以驳回。太监崔敏请买金珠,张居正予以严辞拒绝。至万历九年,国家财政状况已基本好转,张居正奏请神宗皇帝将隆庆元年到万历七年各省未完滞征钱粮一百余万石,兵工二部马价、粮价等项悉数蠲免,以减轻民众的负担。张居正力倡节俭的主要目的,即在于一为节财用,二为固民本。他曾意味深长地说过:"与其设法征求,索之于有限之数以病民,孰若加意省俭,取之于自足之中以厚下乎?"张居正再三告诫那些当权者要"轸念民穷,加惠邦本,于凡不急工程,无益征办,一切停免","上下唯务清心省事,安静不扰"。他认为只有这样,才可使"庶民生可遂,而邦本获宁也"①。

从一定意义上讲,张居正不愧是一个大政治家,他的成功之处不仅在于他能将工、商放在与农同等重要的地位,而且他确实也以自己的能力与权力将"固民本"的观念落实到了具体的实践之中。他没有将目光仅仅停留在减轻民众的负担、重视生产的发展上面。他深深地懂得:要使明王朝能够延续下去,首要在于安定民心。在当时天怒人怨的情况下,他力倡节俭,"轸念民

---

① 《张太岳集》卷三十六,《陈六事疏》。

穷",冒险地拿豪强地主开刀,清理田赋,打击豪右,不惜牺牲一些地主阶级的既得利益,通过"因民立政""为政以法"来约束统治阶级,保住民众利益,以此求得民众对政府的支持。在这以前,统治者的"崇本"常常是句空话,只有张居正才把"崇本"落到了实处,并将之发展到了一个新的高度,这也是张居正经济思想的独特之处。

四、军事改革:外示羁縻,内修战守

张居正在军事上的改革是以强兵固边为目的,主要是整饬守备,巩固边防。

明朝中期,北方蒙古部落的俺答汗拥有骑兵十万,活动于今呼和浩特一带,并与西部河套的吉能部和东部辽东的土蛮部彼此呼应,不断侵扰三北边境。为此,明朝廷"增兵增饷,选卫修垣,万姓疲劳,海内虚竭"[①],每年仅九边军费即需银276万两,然而却收效甚微。嘉靖时,蒙古贵族曾数次入侵内地。明政府边将却敌无方,却精于钻营之道,将诸边军粮百万,强半贿赂严嵩,造成军力饥疲,边防大坏。嘉靖二十九年,俺答汗率兵长驱直逼北京城下,朝野为之震惊。终嘉靖朝,鞑靼先后三次兵临

---

① 《明神宗实录》卷六十七。

京师，给明朝统治者造成严重威胁。针对这一严重情势，张居正提出了自己的治边御敌方略。他主张以蓟州为北部边境和御敌守备的重心，对蓟州以西的俺答和套寇采取怀柔政策，封贡主和，对蓟州东面的土蛮则主战。这样，西可"避俺答之锋，而使其就范于我"，东可使敌"知其弱而冀其受制于我"。这就是张居正推行的"外示羁縻，内修战守"的军事战略方针。张居正特别注重选好边将。他调任抗倭名将戚继光御守蓟门，骁将李成梁镇守辽东，王崇古、方逢时分别戒备宣化、大同，完善防务；同时，屯田理盐，厉兵秣马，足食足兵，以备战守。张居正大力倡导在边境地区实施屯田制。他曾说："八事之中，屯政为要……足食乃足兵之本，如欲足食，则舍屯种莫繇焉。诚使边政之地，万亩皆兴，三时不害，但令野无广土，毋与小民争利，则远方失业之人，皆被负而至，家自为战，人自为守，不求兵而兵自足矣。"① 这种屯田制既扩大了耕地面积，又可使边民解决衣食之忧，增其卫家护土之心，解决兵源兵饷以固边，真可谓一举数得。在东起山海关西至嘉峪关的长城线上，加筑了三千余座瞭望台，边墙也在不同程度上得到修缮，这使得长期以来边防废弛、有边无防的状况得到彻底改变。在边防军事策略上，张居正对鞑靼采取了分而治之的政策，意在削弱其锋锐，以减轻边患的压力。这种威德

---

① 《张文忠公全集》书牍三，《答蓟镇总督王鉴川言边屯》。

并举,"待之以信,谕之以理"的治边政策,后来证明是有成效的。隆庆五年,张居正利用俺答孙子把汉那吉少年失恋与俺答汗反目降明的机遇,与俺答汗修睦和好,达成了两国之间茶马互市之盟。明边防送还把汉那吉,俺答对明奉表称臣,贡名马三十匹,明册封其为顺义王。从此"东自四海治,西尽甘州,延袤五千余里,无烽火警,行人不持弓矢,近疆水陆屯田,悉垦治如内地"。北方边境的安定,节省了大量的军费开支。"计三镇岁费二十七万,较之向时户部客饷七十余万,太仆马价十余万,才十之二三耳。"①随着边患的消弭,边疆田野得以开辟,商贾往来频繁,边境地区的居民得以安居乐业,一时出现了"西镇边垣迄有成绩,官民城堡次第兴修,客饷日积于仓廒,禾稼岁登于田野"②的升平景象。

综上所述,张居正执政期间,以其缜密而有远见卓识的谋略和果敢魄力,通过一系列的政治经济军事改革,暂时解决了明王朝积重难返的一系列老大难问题,对社会和历史做出了巨大贡献,使得"十年内海寓肃清、四夷慑服"③,"中外乂安,海内殷阜,纪纲法度,莫不修明"④。张居正的改革,就那个时代看

---

① 《俺答封贡》,《明史纪事本末》卷六十。
② 《明神宗实录》卷三十九。
③ 《明神宗实录》卷一二五。
④ 《明史·张居正传》。

来，是非常成功的，改革也达到了富国强兵的目的。每一场改革，无不涉及到各种利益关系的重新分配和调整，可谓牵一发而动全身。与北宋王安石变法相比，张居正改革所引发的社会震动并不剧烈，改革也在平稳有序中进行，改革的效果也很快显现出来。政治上，在没有增加官员、衙门和政府开支的情况下，使政令更具体划一，各衙门办事效率得到提高。在军事上有力地扫除了明中期以来虏患日深、边事久废的局面，南倭北虏得以平息，西方殖民者尽管出现在沿海但也未能兴风作浪。在经济上，极大地增加了国库收入，与隆庆年间相比，为国家多增收了300多万亩田亩税和300多万人口税，将过去财政收入连年亏损发展到绰有剩余。在没有加重百姓负担的状况下达到这一步实属不易。张居正改革虽然不能解决明朝当时面临的所有问题，但形成了一个明朝再度中兴的极好局势，如果按照张居正改革的路子继续深入走下去，则有可能扭转明中期以来所形成的颓势，在国势强大的基础上与世界发展潮流齐头并进，缓慢但不停息地向资本主义社会迈步。可惜的是，人亡政息在中国历史上是常有的事情，张居正刚死，明神宗就下令剥夺张居正生前所有的官秩，亦抄没其家产，张居正改革的进程也就从此中断。但不管怎样说，无论就其施政能力，抑或是改革所取得的成就来看，张居正都无愧列于"古今第一流人物"的门墙。

第十一章　因俗而治与巩固统一
——康熙帝治国论

康熙帝是中国历史上一位著名的政治人物。他文治武功兼备，在位期间，奖励垦荒，轻徭薄赋，惩治贪污，以儒家思想治国；平定三藩，收复台湾，消灭噶尔丹反叛势力，进一步加强对西藏的管辖，将沙俄侵略势力赶出东北地区，实现中俄东端划界，为清王朝的强盛奠定了牢固的基础。

第十一章 因俗而治与巩固统———康熙帝治国论

公元1661年,清世祖顺治皇帝病死,遗诏由其子八岁的爱新觉罗·玄烨即位,由索尼、苏克萨哈、遏必隆、鳌拜四大臣辅政,改元康熙。康熙帝是清王朝历史上一位十分著名的皇帝,也是中国历史上很有影响的政治人物。康熙六年(1667年),13岁的康熙开始亲政。康熙帝在位61年(1662—1722年),勤政事,重德治,在政治、经济、军事领域确立和实行了一系列奠基性的政策措施,为清王朝的强盛奠定了牢固的基础,并与其子孙雍正、乾隆一起,开创了延续至19世纪的所谓"康乾盛世"。他在位期间,文治武功兼备,中国疆域空前辽阔,社会繁荣,文化发达,为统一多民族国家的巩固与发展做出了卓越的贡献。

一、致力于恢复经济与社会秩序,彻底完成清王朝转型大业

康熙帝亲政时,面前摆着两个亟待解决的社会问题。一个是必须煞住一部分保守的满洲贵族顽固维持和继续推行满族入关前的早期奴隶制度,强制将汉族地区的先进生产力纳入满族落后的生产关系的倒退做法;一个是必须医治战争创伤,恢复和发展生产,稳定社会秩序。在康熙帝亲政前,满洲贵族内部的奴隶主残余势力还有相当力量。他们凭借政治势力和军事力量,掳掠人口,追捕逃人,大量圈占土地,扩大旗地庄田制,在先进

的汉族地区扩展满族落后的生产方式。他们把在战争中掳掠的人口、财物都视为战利品，还制造借口，"将良民庐舍焚毁，女子俘获，财物攘取"。在北京附近500里内，进行了三次大规模的"圈地"，共圈占了14.6766万顷肥田沃土。除役使东北迁来的"壮丁"和战争中俘虏的人口外，还强迫汉人"投充"，编庄生产，补充和扩大满族的奴仆队伍。满洲贵族从东北地区带来的这些"壮丁"、进关后的战争俘虏和强迫"投充"的汉人，在满洲贵族的强制下从事生产劳动，被称作八旗"户下人"。他们受不了主人的残酷压迫和剥削，纷纷逃亡。满洲贵族使用暴力追捕，并制定极其严厉的"逃人法"，因而激起受害民众的强烈反抗，也给清朝统治者造成了严重的政治、经济危机。不少汉族官员提出限制扩大旗地庄田制和不再接受"投充"、放宽"逃人法"的建议。但清廷认为反对扩展满族落后的生产方式，就是反对他们在全国的统治，这些建议一律遭到严厉拒绝。康熙帝亲政前，辅政四大臣中，索尼年老多病，不甚管事；遏必隆为人圆滑，为回避鳌拜的嚣张气焰，从不发表不同意见；苏克萨哈遇事常与鳌拜冲突，最终被鳌拜借故处死。鳌拜纠集大学士班布尔善、吏部尚书阿思哈、兵部尚书噶褚哈、户部尚书玛尔赛、吏部侍郎泰壁图等人把持朝政。他们反对满人学习汉人的生活习惯和文物制度，反对朝廷任用汉臣，反对改革满族落后的旧制度。当时，鳌拜位尊权重，在朝中有不少亲信党羽。康熙帝以下棋为名召索额图进宫秘密策划处置鳌拜,乘鳌拜入朝,由其平日训练的一批少年侍卫,出其不意地将他逮捕,交付朝臣审判定罪,然后将其党羽诛杀,16岁的康熙皇帝亲自掌握政权,逐步把清王朝推向新的发展时期。康熙八年(1669年)五月,亲政后的康熙帝宣布停止"圈地",平等对待满汉军民。他依靠亲信大臣索额图、杰书、图海等人,采取了一系列适应旗地生产关系变化的措施,推行了适合汉族经济关系的政策和照顾满族特权利益的措施,不仅严令停止"圈地",而且禁止"投充"、放宽"逃人法",逐步完成了满族从奴隶占有制向封建制度的变革过程。旗地庄田制逐步变成旗地私有制,隶属于主人的"壮丁"也逐渐变成佃户,"以丁责粮"的剥削关系也逐步过渡到租佃剥削的形式。这种变化是满族社会发展中的重大进步,这个转化的完成也基本上停止了满族落后生产关系对汉族地区生产力的阻挠和破坏,并进一步使满、汉封建地主在阶级的根本利益上趋于一致,从而使清王朝的统治牢固地稳定了下来。

经过几十年农民战争和清的统一战争,全国土地荒芜,人员稀少,财政收支入不敷出。顺治十八年(1661年),全国人丁户口只有1900多万,还不到明朝万历六年(1578年)6069万的1/3。全国的田地只有526万多顷,也还没有恢复到万历时的五六百万顷。很多地方百姓流亡,田地荒芜,甚至一些人口稠密的繁荣地区也出现了弥望千里、人烟稀少的惨相。四川是"民无遗类,地尽抛荒","有土无人"。江西是"官虽设而无民可治,地已荒而无力可耕"。山东高唐州在崇祯年间有人15.3万多口,到顺治四年(1647年)当差人丁只有7700个。河南是"兵焚之余,无人佃耕"。湖南"自岳至长,村不见一庐舍,路不见一行人"。广西罗城是"遍地榛莽,县中居民仅六户"①。在全国范围内出现了处处荒芜、破坏严重的一派凋敝的景象。社会生产的严重破坏使清初统治者苦于税粮短缺,财政收支捉襟见肘。恢复和发展社会经济,是摆在康熙帝面前的又一重大问题。康熙帝顺应这一社会的需要,采取了一些有利于恢复和发展社会生产的措施并取得明显的成效。主要表现在:

1. 奖励垦荒。清初面临大量土地荒芜、赋税难征的状况。顺治六年,清朝统治者就命令各地方官吏召集流亡,开垦荒地,将各州县卫所的无主荒地分给官兵和流民屯种,"开垦耕种,永准为业"②。康熙帝即位后,继续大力推行这一政策,要求地方官在5年之内垦完境内荒田。招徕的流民不论原籍和别籍,都编入保甲,"凡有可垦之处,听民相度地宜,自垦自报,地方官不得勒索,胥吏不得阻挠"③。这样,一部分被招垦的农民获得少量土

---

① 南珊:《康熙在历史上的主要作用》,《学问》2003年第三期,第29页。
② 《清世祖实录》卷二五。
③ 《东华录》卷五。

地，由佃户变成自耕农。在"开垦无主荒田"的名义下，一些农民将明代藩王的大量庄田和战争中死散地主的荒田占据垦种。清朝对这种既成事实加以法律上的承认，规定"凡地土有数年无人耕种完粮者，即系抛荒。以后如已经垦熟，不许原主复问"①。并宣布将藩王庄田改为"更名田"，归垦种之人所有。占有"更名田"的农民，只缴田赋，不再缴纳地租。由过去的佃户，变成占有土地的自耕农，这就提高了农民生产积极性，促进了社会经济的恢复与发展。据清朝官方统计：到康熙六十年年底，全国土地已经达到7.3亿亩，奖励垦荒政策取得了明显的效果。

2. 轻徭薄赋。康熙帝亲政不久，就宣布免除明末苛扰百姓的"三饷"（辽饷、剿饷、练饷），只按《万历会计簿》的旧额征收正项钱粮，令各级官员对明末弊政"蠲者蠲，革者革，庶几轻徭薄赋，与民休息"。康熙年间，蠲免钱粮的次数和数量都远远超过前代。在康熙帝亲政的55年之中，免天下钱粮3次，漕粮2次，遇有庆典、巡幸、用兵和水旱灾荒等情，也都分别减免有关地方的钱粮。虽然常常是官吏受到实惠，老百姓所得甚少，但对老百姓还是有好处的。除有少量土地的农民可以减免赋税外，无地农民也可以豁免本身丁银。康熙四十九年（1710年）更明确规定：以后凡遇捐免钱粮，合计分数，业户捐免七分，佃户捐免

---

① 《清圣祖实录》卷一零八。

三分,永著为例。康熙五十一年(1712年)又宣布以上年全国丁银额为准,以后新增人丁,概不加赋,谓之"盛世滋丁,永不加赋"①。这些措施在一定程度上减轻了民众的负担,有利于社会经济的恢复与社会财富的增加。

3．惩治贪污。康熙帝曾一再强调:"治天下以惩贪奖廉为要。""朕恨贪污之吏,更过于噶尔丹。此后澄清吏治,如图平噶尔丹则善矣。"他又说:"凡别项人犯,尚可宽恕。贪官之罪,断不可宽。"康熙帝不仅激励官吏争当好官,还把当好官、当清官与家族荣辱联系在一起,明确告诉臣下:"人能当好官,不惟一身显荣,且能光宗耀祖,否则丧身辱亲,何益之有?"在他统治期间,充实和严格官吏的考核制度,包括"京察""大计"等,明确规定考核的内容、评价等级以及惩罚的标准。据有关资料介绍,到康熙中期,有700余人因廉洁勤政而受到表彰,有1500多人因"才力不及"和"浮躁"而被降职调用,有1500余人因"不谨"和"罢软无为"而被革职;有500多名贪官污吏遭到严惩;有2600多人因老病残而被免去官职。②同时,康熙帝大力扶植清廉之吏。对于成龙、张伯行等"操守廉洁"的"清官",康熙

---

① 《清圣祖实录》卷二四九。

② 张世平著：《盛世战略：历史上的盛世与现实崛起的中国》,解放军出版社2011年版,第71页。

帝则予以奖励和提拔，以为治吏树立好的榜样。

4. 用儒家思想治国。思想文化是执政的根基和决策的指南。康熙帝尊重中国的传统文化，始终把儒家思想作为其执政的基本理论指导，以理学治国。康熙帝即位后，每年二月和八月都分两次祭孔子。康熙二十三年（1684年）十一月，康熙帝冒着严寒，亲至曲阜在大成殿向孔子神位行三跪九叩大礼，并宣读"御制祝文"，赞扬孔子"开万世之文明，树百王之仪范"，并特书"万世师表"匾额，悬挂于大成殿上，倾注了虔诚敬奉之情。[①]康熙帝以皇帝至尊拜倒在汉族信奉的至圣先师孔子面前，表现出了他冲破民族的狭隘观念，消除满汉之间隔阂的决心，这对于清初中期吸引知识阶层向统治者靠拢，无疑产生了巨大的作用。

康熙帝的上述改革，有力地促进了社会生产力的恢复和发展，对于清王朝统治政权的稳定和巩固，起到了十分重要的作用。

二、消灭各地反叛力量，挫败沙俄侵略我国东北地区的阴谋

清初，清政府对全国的统治虽已确立，但部分地区一直未能置于有效的控制之下。在中央与地方关系问题的处理上，南方

---

① 《清圣祖实录》卷一一七。

数省有三藩的割据势力,台湾岛屿有郑氏的反清集团,西北有噶尔丹割据势力,他们一直凭借强大的军事实力,不断向清政府发起挑战。在争取社会生产的恢复与发展的同时,康熙帝先后削平"三藩"割据势力,统一台湾,击败噶尔丹叛乱,平定西藏,彻底完成了全国的统一事业,使中国成为一个疆域辽阔、民族众多而且牢固统一的国家,从而为清中期康乾盛世打下了坚固的基础,为清初、中期中央与地方关系的处理奠定了一个良好的开端。

1. 削三藩。清初,为了充分利用汉族降将的力量,统治全国,清政府封了四位汉王。他们是平西王吴三桂、平南王尚可喜、靖南王耿仲明和定南王孔有德。顺治六年(1649年),耿仲明死于江西,其子继茂袭爵。顺治九年(1652年),孔有德死于桂林,无子爵除。此后,清政府令吴三桂镇守云南,尚可喜镇守广东,耿继茂镇守福建,继茂死,其子精忠继之。史称之为清初三藩。"三藩"手握重兵,其中吴三桂势力最大。

清政府建立三藩的目的,不外乎"辑守疆圉,以宽朝廷南顾之忧"。然而三王分镇之后,手握重兵,雄踞一方,位尊权重,为所欲为,骄恣无忌,逐渐走上了与中央集权政府相对立的道路,成为影响中央号令全国,建立统一政治秩序过程中的最大隐患。当时吴三桂控制云贵,称霸西南;尚可喜父子专制广东;耿继茂父子盘踞福建。三藩势力与清政府的中央集权在经济、政治、军事等方面的矛盾越来越深，最终发展到了必须用武力方能解决的地步。

在政治上，三藩专擅一方，所踞之地，形同独立王国。尤其是吴三桂在三藩中势力最大，节制云贵督抚，将各处安插私人，吏部、兵部不能干涉，这就使中央对云贵的行政统治权实际上名存实亡。

在经济上，三藩的巨额军费一直是清朝中央的沉重负担。三藩兵力雄厚，分驻沿疆，所令汉军八旗及绿营兵总数达十余万人，庞大的军费都由国库支付，给清廷财政带来了巨大的压力。当时，三藩"糜俸饷钜万，各省输税不足，征诸江南，税两千余万，绌则连章入告，赢不复清稽核"。天下财赋半耗于三藩，这其中尤以吴三桂为最。直到康熙十一年（1672年），这一状况仍未改变。

在军事上，三藩久握兵柄，分驻沿疆，已成尾大不掉之势。康熙初年，国家养兵共58万有余。三藩兵力虽只占全国兵力的1/10左右，但其兵将久受藩王豢养，心中只知为藩王家丁，不知有朝廷。不仅如此，三藩除了额兵之外，还拥有私征兵，并给府中成年男子发放兵器，经常操练。因此，三藩的武装力量已构成了对清朝中央政府的潜在威胁，是清初国家稳定的一个极大隐患。

早在顺治年间，御史郝浴、杨素蕴，布政使胡章，给事中杨雍建等便已疏劾三藩的不法行为。康熙初年，庆阳知府傅弘烈也曾奏告吴三桂图谋不轨。浙江巡抚范承谟更是在卧榻之侧悬一小牌，上书时事数则，第一条便是三藩应撤。三藩势力的恶性发展，使清中央政府深感不安。此时，康熙帝也清醒地认识到：三藩势焰日炽，不可不撤。吴三桂非宋功臣可比，乃唐藩镇之流耳。并以三藩及河务、漕运为三大事，夙夜廑念，决心寻找适当的时机来消除这一巩固中央集权过程中的最大障碍。

康熙十二年（1673年）三月，平南王尚可喜因与长子尚之信不和，疏请归老辽东，以尚之信袭爵留镇。清廷借机以父子宗族不宜分离为由，同意尚可喜告老还乡，但不允其子袭爵留镇，令其尽撤部中家属回籍。七月，吴三桂、耿精忠也疏请撤藩，试探清廷意旨。八月，康熙帝否定了大多数廷臣反对撤藩的意见，毅然下令三藩并撤，并立即派员前赴云南、广东、福建，办理各藩撤兵起行事宜。九月，撤藩诏使到达云南，西南震动。十二月，吴三桂公开叛乱，各地藩王先后响应。康熙帝调整部署，沉着冷静，针对各藩情况采取不同的策略。康熙帝采用了安抚收买和军事压力相结合的手段，使参加叛乱的耿精忠、尚之信、王辅臣等汉族军阀先后倒戈，不久又控制了广西、广东、福建、江西、陕西等省。吴三桂情竭势拙，于康熙十八年（1679年）在湖南衡阳即皇帝位，建国号周，建元昭武，企图以此稳定人心，鼓舞士气。不久，吴三桂病死，他的孙子吴世璠（吴应熊庶子）在衡阳即位。吴世璠是个十多岁的小孩子，不能定攻守之策，于是吴军内部人心益散。与清军交锋，屡战屡败。清军招降了吴军水师将军林兴珠，并采纳他的建议，水陆两军猛攻岳州，岳州守军溃败。长沙等地吴军闻讯，也放弃守位，狂奔不止，逃回贵州、云南。西南地区多山地，八旗骑兵特长很难发挥。绿旗官兵容易适应地形，屡立战功，因此，康熙帝确定了用绿旗兵剿灭"三藩"的方针。他任命绿旗将领、陕西提督赵良栋为勇略将军兼云贵总督，与湖广总督蔡毓荣、平南将军赉塔分别从四川、湖南、广西围歼吴世璠。每路兵马都以绿旗兵居前，八旗兵继后。康熙十九年（1680年），赵良栋等人长驱直入，攻下贵州，直逼昆明。吴世璠被困在城内，束手无策。城内文武官员见大势已去，纷纷出降，吴世璠自杀。经过8年苦战，至康熙二十年（1681年）十一月，彻底平叛，全国局势从此稳定下来，清王朝中央集权得到进一步加强。三藩反叛，对清中央最高决策层震动很大。康熙帝在总结经验教训的基础上，为巩固清王朝的中央集权采取了一系列重大决策，做出了一系列艰苦努力，从而形成了清初至鸦片战争前国家基本上处于一个统一、团结、稳定、发展的局面。这为清初、中期封建经济的复苏和繁荣奠定了一个坚固的政治基础和稳定的社会环境。所谓的"康乾盛世"正是产生在这样的历史背景下。因而，从一定意义上讲，平定三藩开康乾盛世之端。

2. 收复台湾。平定三藩之后，清廷立即转入了收复台湾，消灭郑氏集团割据势力的斗争。台湾自古以来就是中国的领土。明天启元年（1624年），台湾被荷兰殖民主义者侵占。康熙元年（1662年），郑成功驱逐荷兰侵略者，收复了台湾，对中国历史做出了伟大的贡献。然而，随着清王朝统一事业的发展，自比琉球、朝鲜，坚持不薙发、不登岸的郑氏武装集团，已经蜕变成为分裂国家统一的地方割据势力。三藩叛乱，郑成功之子郑经作为支持者和参加者，一度猖獗海上，并且占据了泉州、漳州、惠州、潮州等地，"杀掠所至，十室九匮"，使广大人民深受其害。康熙皇帝决意消除沿海战患，消灭这一不服从中央政府管辖的地方割据势力。康熙二十年（1681年），在三藩叛乱即将平定之时，康熙帝便命吏、兵二部从速制定进军台湾方略。经过一年多的充分准备，康熙二十二年（1683年）六月，福建水师提督施琅率军二万多人，战舰300余艘，进军台湾，消灭了郑氏集团势力，重新统一了台湾。台湾统一以后，康熙皇帝在台湾设置一府三县，隶属福建省管辖。自此，台湾完全处于清王朝中央政府的统一管辖之下，这对维护国家统一和领土完整无疑起到了十分重要的作用。而台湾统一以后，在免受外敌侵扰的条件下，也促进了海岛的经济与文化的发展。

3. 击败噶尔丹。新疆地区在汉、唐和元朝时期，都是直接隶属中央王朝，并同内地保持着政治、经济和文化各方面密切的联系。明朝时期，蒙古分为东部的鞑靼与盘踞在新疆北部的瓦剌两大部。满洲兴起以后,从16世纪中叶起,大漠以南的察哈尔、科尔沁、土默特、鄂尔多斯等24部蒙古族先后归附清朝,称为内蒙古。漠北的喀尔喀蒙古分为车臣汗、土谢图汗、扎萨克图汗3部,都与清朝有"朝贡"关系,称为外蒙古。阿尔泰山以西的瓦剌部,当时叫额鲁特蒙古,分为互不统属的4个卫拉特(部):杜尔伯特部在额尔齐斯河流域,土尔扈特部在塔城附近的雅尔一带,和硕特部在乌鲁木齐地区,准噶尔部在伊犁河流域。4个卫拉特中,准噶尔最强。噶尔丹夺得汗位后,用武力占据了新疆北部,然后又进攻天山南路,控制了南疆的维吾尔族地区,形成一个拥有60万人口的强大割据势力。噶尔丹和清朝保持着传统的朝贡关系,每次入贡有千人或数千人之多,常常请求清朝给予经济上的援助,并和达赖喇嘛、青海诸台吉(贵族的一种称号)一起给康熙皇帝上尊号,自居臣属之列。

康熙二十三年(1684年),土谢图汗与扎萨克图汗发生冲突,噶尔丹支持扎萨克图汗,遭到土谢图汗的痛击。康熙二十七年(1688年),正当土谢图汗派人包围了乌丁斯克和色楞格斯克,打击俄国侵略者,收复失地的关键时刻,噶尔丹率领3万骑兵越过杭爱山,进攻喀尔喀部。土谢图汗被迫撤回与俄军作战的军队,与噶尔丹作战。噶尔丹打败土谢图汗部后,又占领了扎萨克部,侵入车臣汗部。三部几十万人奔向漠南,请求清朝保护。康熙帝给予牲畜、茶、布等物资救济,把他们暂安置在科尔沁地区,并命令噶尔丹率众西归,退还喀尔喀三部故地。噶尔丹不听从清朝命令,继续率兵内犯,康熙帝决定亲征。康熙二十九年(1690年),康熙帝任命裕亲王福全为抚远大将军出古北口,恭亲王常宁为安北大将军出喜峰口,在乌兰布通(今赤峰境内)与噶尔丹决战。噶尔丹败逃后,派人到莫斯科向沙皇提议缔结同盟,但沙俄当时无力出兵参战,只是派人到噶尔丹那里进行阴谋活动。康熙三十三年(1694年),噶尔丹要求清朝把土谢图汗和哲布尊丹巴(活佛)送交给他处置,并煽动内蒙古诸部背叛清朝。第二年,噶尔丹率兵侵入巴颜乌兰,大肆抢掠。康熙帝于康熙三十五年(1696年)决定再次亲征,命令萨布素率领东三省兵从东路出击,费扬古率陕甘兵从宁夏出西路,截断准噶尔兵的归路。康熙帝亲率八旗兵从独石口出中路,进逼巴颜乌兰。噶尔丹在山顶望见康熙御营的黄帷龙旗后,慌忙拔营逃走。逃到昭莫多,遭到费扬古率领的西路军的截击,噶尔丹大败,仅率数十骑逃跑。康熙三十五年(1696年)九月,康熙帝亲自到归化城,命令青海诸台吉和策妄阿拉布坦协力进攻噶尔丹。噶尔丹的属下看到大势已去,纷纷归附清朝。第二年,康熙帝第三次亲征,到宁夏指挥作战,命令马思哈和费扬古率军大举深入,追歼噶尔丹。噶尔丹在众叛亲离、走投无路的情况下服毒自杀,部下把他的尸首送交清军,投降清朝。康熙帝平定噶尔丹之后,喀尔喀三部几十万人重返漠北故地,由37旗扩充为55旗,增设赛音诺颜部,统辖19个旗。清朝对外蒙古四部74旗实行有效统治。

4. 进剿侵入西藏的策妄阿拉布坦部，加强对西藏的管辖。远在1300年前的唐朝之时，汉藏在经济、文化上就有了密切的联系。从元朝时开始，西藏正式归入中国统一的版图。到了清朝时期，在统一的祖国大家庭里，西藏与内地的联系有了更进一步的加强。在中央的直接管理下，确立了一系列的制度，推动了西藏社会的发展。16世纪后期，西藏的喇嘛教传到蒙古，西藏与新疆、青海、蒙古等地的政治、经济和文化联系有了进一步的加强。明朝末年，蒙古顾实汗的力量进入西藏。清朝建立后，通过蒙古与西藏发生联系。崇德二年（1637年），西藏派人到盛京（沈阳）会见皇太极。随后，皇太极向达赖五世宣布了清朝崇敬佛教的政策。顺治九年（1652年），达赖亲自到北京朝见顺治帝，受到清朝的隆重款待，专门修建了一座规模宏大的黄寺，作为达赖在京期间的住所。第二年，清朝封达赖为"西天大善自在佛所领天下释教普通瓦赤喇怛达赖喇嘛"，颁赐金册金印。康熙五十二年（1713年），清朝又封驻在日喀则的五世班禅为"班禅额尔德尼"。这就是"达赖喇嘛"和"班禅额尔德尼"称号的由来。

康熙二十一年（1682年），五世达赖喇嘛去世，第巴桑结匿丧不报，并盗用达赖的名义胡作非为。他一面支持噶尔丹与清朝作战，一面请求清朝封他为土伯特国王。康熙五十四年（1715

年),桑结的部属勾结准噶尔的策妄阿拉布坦引兵进藏,杀死拉藏汗,西藏陷入混乱。为了安定西藏局势,康熙帝调拨大军入藏。康熙五十九年(1720年),清军驱逐了侵藏的准噶尔策妄阿拉布坦势力,护送六世达赖喇嘛从青海进藏"坐床",封拉藏汗的部属康济鼐为贝勒,管理前藏,颇罗鼐为台吉,管理后藏,恢复了西藏的社会秩序。随后,清政府在西藏驻兵,设立台站,加强了对西藏的管理,巩固了西南边疆,维护了多民族国家的统一与完整。

5. 两战雅克萨反击俄罗斯。黑龙江流域自古以来就是中国的领土。从1638年开始,沙俄不断派出远征军侵入中国的东北地区。1666年,康熙帝曾派使节与沙皇谈判,但沙皇政府置若罔闻。这使康熙帝清楚地认识到,"若辈非创以兵威,则罔知惩威"①。于是,康熙帝构筑黑龙江城(今瑷珲),设置黑龙江将军,决定自卫还击。在充分准备的基础上,1685年、1686年,清军两次收复雅克萨,并促成1689年《中俄尼布楚条约》的最终签署。该条约以法律条文的形式明确规定以外兴安岭至海,格尔必齐河和额尔古纳河为中俄两国东段边界,整个黑龙江流域和乌苏里江广大流域都是中国的领土,从而有效地遏止了沙俄殖民主义

---

① 张世平著:《盛世战略:历史上的盛世与现实崛起的中国》,解放军出版社2011年版,第78页。

者对我国北方边境的侵略活动。

　　平定三藩,收复台湾,消灭噶尔丹反叛势力,平定西藏,签订中俄《尼布楚条约》等内外忧患问题的解决,标志着清王朝的统治进入了一个新的阶段。历史清楚地表明,在西方殖民势力汹涌东侵的前夕,中国的统一和强大,对于中华民族抵抗侵略、保卫边疆,有着巨大的作用与影响。如果说在这以前,清朝中央政府的主要精力是放在用武力消除敌对势力,确保新政权的存在和稳定上面的话,那么接着面临的问题就是要采取更多的经济、政治手段,来加强中央集权的统治,发展社会经济,保证大清王朝江山的长治与久安了。康熙二十年（1681年）以后,清王朝的财政收支情况大为好转。康熙四十八年（1709年）以后,户部库存银由原先的一二千万两增至五千多万两。康熙五十四年（1715年）因太仓贮粮过多,将430多万石陈旧粮食散发给官兵。到康熙六十一年（1722年）,全国人丁户口增加到2490多万,田地增加到735万多顷,生产发展,社会财富增加,百姓安居乐业,出现了相对安定的繁荣局面。经过康、雍、乾、嘉四朝的中央集权,直到太平天国运动爆发前夕,可以说中央政府对地方拥有绝对的发号施令的权力,中央与地方的关系也长期处于基本的稳定运行的状态之中。这其中,康熙帝的文治武功起到了巨大的开创和奠基作用。

主要参考与引用文献

(一)经典文献

《史记》

《汉书》

《旧唐书》

《新唐书》

《宋史》

《明史》

《清史稿》

《资治通鉴》

《续资治通鉴长编》

《左传》

《尚书》

《礼记》

《国语》

《论语》

《荀子》

《孟子》

《管子》

《战国策》

《商君书》

《韩非子》

《吕氏春秋》

《新语》

《淮南子》

《论衡》

《读通鉴论》

《唐太宗集》

《容斋随笔》

《贞观政要》

《元丰类稿》

《张文忠公全集》

《明神宗实录》

《清世祖实录》

《清圣祖实录》

《东华录》

《康熙政要》

《夏曾佑集》

(二) 学人著作

范文澜著:《范文澜历史论文选集》,中国社会科学出版社1979年版。

赵克尧、许道勋著：《唐太宗传》，人民出版社1984年版。

郭志坤著：《秦始皇大传》，上海三联书店1989年版。

白钢主编：《中国政治制度通史》，人民出版社1996年版。

苗书梅著：《宋代官员选任和管理制度》，河南大学出版社1996年版。

李治亭著：《清康乾盛世》，河南人民出版社1998年版。

姜兆成、王日根著：《康熙传》，人民出版社1998年版。

杨生民著：《汉武帝传》，人民出版社2001年版。

徐复观：《两汉思想史》，华东师范大学出版社2001年版。

刘泽华、葛荃主编：《中国古代政治思想史》，南开大学出版社2001年版。

郭成康等著：《康乾盛世历史报告》，中国言实出版社2002年版。

齐涛主编：《中国政治通史》，泰山出版社2003年版。

张分田著：《秦始皇传》，人民出版社2003年版。

顾宏义著：《细说宋太祖》，上海人民出版社2005年版。

韩星著：《儒法整合——秦汉政治文化论》，中国社会科学出版社2005年版。

辜堪生、李学林著：《周公评传》，四川大学出版社2006年版。

孙家洲、刘后滨主编：《汉唐盛世的历史解读——汉唐盛世学术研讨会论文集》,中国人民大学出版社2009年版。

张世平著:《盛世战略:历史上的盛世与现实崛起的中国》,解放军出版社2011年版。

关健英著:《先秦秦汉德治法治关系思想研究》,人民出版社2011年版。

钱穆著:《周公》,九州出版社2011年版。

侯杨方著:《盛世启示录》,中国方正出版社2011年版。

吕庙军著:《周公研究》,人民出版社2012年版。

史杰鹏著:《刘邦传》,中华书局2012年版。

戚文、陈宁宁著:《两汉人物论》,东方出版中心2013年版。

韩昇著:《唐太宗治国风云录——盛世是这样治理的》,中国方正出版社2014年版。

姜正成编著:《天下归心周公旦》,中央编译出版社2014年版。

白新良等著:《康熙传》,岳麓书社2015年版。

汪少炎著:《铁血与法治——商君法传》,中国政法大学出版社2016年版。

朱东润著:《张居正传》,新世界出版社2016年版。

张义宾著:《中国礼乐审美文化史纲》,齐鲁书社2016年版。

柳春藩著:《魏武帝大传》,中华书局2016年版。

跋：新思想之旧途径

"华夏传统政治文明"书系即将付梓，此马平安先生所作也，其著述之苦心孤诣，于自序中已言之甚详，此不论。权且写几句编外话，以代跋。

近来，读史、读诗风行，传统文化之复兴正以其燎原之势横扫神州，国学已然复为显学，可谓昌明时代之盛举。张之洞尝劝学云："世运之明晦，人才之盛衰，其表在政，其里在学。"诚哉斯言！

然则何为"文化"？"经纬天地谓之文"，"文化"即以文教化，以文化育。何为"传统"？"统"可以解为"本"、"始"、"纲纪"……那么传其本、传其始、传其纲纪就是传统么？"五帝不同道，三王不同法"，时移世易，古圣人之文治武功尚能改造今日之世界么？其本始之道统尚可复制于今日么？旧时代之纲常倘能复制于今日，尚复可用么？此人所共知也，不待赘述。传统，不是僵化的一成不变，而是动态的传承更新，其根本还在于传承绵延千年的文化精神，使合之当世，简言之，传统不在复制过去，而恰在开创未来。否则，即是

"糟糠鄙俚叔孙通"之泥古不化，抑或"以往圣人法治将来"之劳而无功，于今何益？

钱穆先生治国学志在"抉发中国历史和文化的主要精神及其现代意义"，是以"周虽旧邦，其命维新"，正其宜也。俞樾治经谈到"著述之经解"不同于"场屋中之经解"，"句梳字栉，旁征博引，罗列前人成说，以眩阅者之目，而在己实未始有独得之见，此场屋中之经解也，著述家则不然，每遇一题，则必有独得之见，其引前人成说，或数百言，或千余言，要皆以证成吾说。合吾说者，吾从之；不合吾说者，吾辨之、较之，而非徒袭前人之说以为说也。"以此来论，马平安先生对华夏传统政治文明的梳理无疑乃著述家之新解也，其著史论政，旨在创新，持论审慎，务求精微，于义理、考据、辞章几方面颇见功力：

一、挖掘渊源，直接元典，而不囿于历代章句之繁琐。

其治学沿袭"六经注我"之旧途径，并不忘旧道统之真谛，因此特别注重经史互证，以加深对元典的解读。

二、务求通博，慎思审问。

作者于史料之拣择可谓弘而审，弘备于史又能审慎拣择；于文则能博而粹，博明万事又约文申义；于义理能明而辨，明觉精察以辨析疏通。酌古以御今，摧陷廓清，而见一家之言。

三、"意古而不晦于深，文今而不坠于浅"。

行文雅正，用典古奥，但不觉其晦涩。说理透彻，不惮其烦，而不流于庸浅。因之以接通学术殿堂与江湖，学术思想得以走出象牙塔，而能经世致用也。

该四书立意高远，以通史之格局，"举其宏纲，撮其机要"，深入探究中华传统政治之治乱成败，国运盛衰，文化消长，政教得失，以为鉴戒，宣张资政，启迪后学。华夏的政治文明，肇于轩黄之大一统，历周秦、汉唐、明清数千载不断建构、完善，终将走向现代化，此作者立言之大端，亦其谋篇之根基也。十九世纪以来，清之君臣因循盛世，固步自封，与海洋文明失之交臂，我国现代化之进程直被延误近一百年！国家昏乱，疮痍满目，政乱世衰矣，其学亦颓败不堪。是以本书作者论及有清一代之政治史，皆本于教训、本于鉴戒立言，切中肯綮，不徒为盛世烟幕所惑，是卒以儆世也。

温故而知新，述往而思来者，吾固知文章乃"不朽之盛事"，然士之读书治学尤当以道德经济为己任也，是所寄望于此四书哉！

赵真一

2018年6月20日